U0896029

绩效改进

与教练技术工作实务案例分析

国网河北省电力有限公司　组织编写

主　编　王　峥
　　　　罗　真

中国劳动社会保障出版社

图书在版编目（CIP）数据

绩效改进与教练技术工作实务案例分析 / 国网河北省电力有限公司组织编写. --北京：中国劳动社会保障出版社，2024

ISBN 978-7-5167-6450-3

Ⅰ.①绩… Ⅱ.①国… Ⅲ.①电力工业－工业企业管理－企业绩效－企业管理－案例 Ⅳ.①F426.61

中国国家版本馆 CIP 数据核字（2024）第 073105 号

中国劳动社会保障出版社出版发行

（北京市惠新东街 1 号 邮政编码：100029）

*

北京利丰雅高长城印刷有限公司印刷装订 新华书店经销

787 毫米 × 1092 毫米 16 开本 9.25 印张 165 千字

2024 年 3 月第 1 版 2024 年 3 月第 1 次印刷

定价：40.00 元

营销中心电话：400-606-6496

出版社网址：http://www.class.com.cn

版权专有 侵权必究

如有印装差错，请与本社联系调换：（010）81211666

我社将与版权执法机关配合，大力打击盗印、销售和使用盗版图书活动，敬请广大读者协助举报，经查实将给予举报者奖励。

举报电话：（010）64954652

前言

在工作中我们发现，大部分人会把绩效管理与绩效考核直接画上等号，忽略了绩效管理是一个复杂的体系，它包含了绩效计划、绩效实施、绩效考核、绩效结果应用及绩效改进等重要环节，特别是绩效改进经常被人们忽略。

本书以绩效改进的发展史为切入点，介绍绩效改进的相关背景知识和概念；再以绩效改进的分析手段、理论方法和改进措施为主线，为读者呈现绩效改进的全貌，并在绩效管理、绩效改进中引入教练技术，通过对教练技术的介绍让广大读者了解其在绩效管理中的实际运用，为企业管理者提供参考。本文最后通过展示生动有趣的案例，将枯燥的理论故事化、形象化，以帮助企业管理者理解不同方法的解决方案、实施效果等，提高读者的阅读兴趣，学以致用。

本书的成稿得益于团队成员的协作努力，正是大家的团结一致，才保证了本书如期成书。在此，向所有为本书出版做出贡献的同事、朋友以及出版机构表示深深的谢意。本书在编写过程中，还参考了国内外大量的著作和文献，在此也谨向有关作者表示深挚的谢意。

由于时间仓促和水平所限，书中难免存在疏漏之处，敬请广大读者批评、指正。

编者

2023 年 12 月

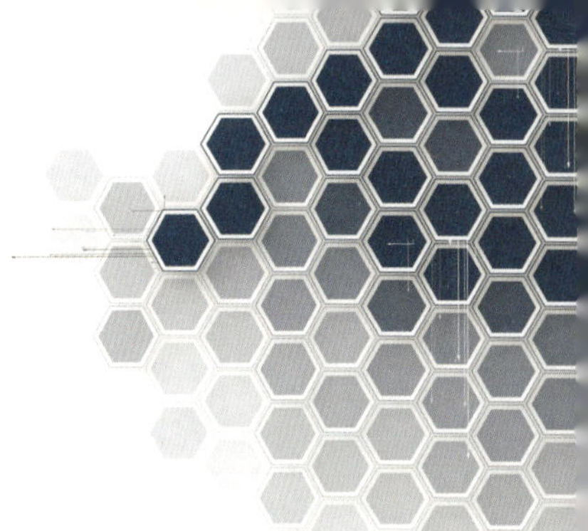

目录

第一章
绩效改进

一、绩效改进概述

绩效改进是企业内部的一项重要工作，由多种因素共同作用的动态环境所驱动。企业将可持续发展和道德责任融入企业管理工作中，以确保组织能够不断创新、蓬勃发展。

（一）绩效管理

绩效管理与企业各级管理人员和员工的集体努力息息相关。绩效管理不等于绩效考核，而是一个整体系统。绩效管理包括制订绩效计划和目标、绩效考核和评估以及绩效结果应用等环节。绩效管理的主要目的是不断提高个人、部门和整个组织的绩效。

制订绩效计划和目标是有效绩效管理的基石，结构合理的计划和目标是绩效管理落实和推进的前提。绩效管理的核心在于考核和评估，考核和评估决定最后的结果，任何不合理、不科学、不公平的操作都会影响整个绩效管理的效果。绩效结果应用是绩效管理的重要环节，通过绩效结果在薪酬分配、评先评优等方面的应用，可以激发员工工作热情，挖掘员工潜力，从而促进企业效益的提升。

绩效管理系统是组织用于持续监控、评估员工绩效和生产力的工具。它包括设定明确的目标、提供反馈、评估进展情况、确定需要改进的领域以及表彰成就。

绩效管理首先需要为个人和组织制定切合实际的战略目标。之后通过持续、全面的绩效评估，肯定成就，指出需要改进的地方，强化有助于实现组织目标的行为和结果。通过激励与组织目标相一致的行为和约束偏离目标的行为，促进员工技能的提高和工作方法的完善。

（二）绩效改进

从本质上讲，绩效改进是实现更高水平绩效的一种手段，它包括确定需要改进的领域、设定目标、实施战略。绩效改进可以全面提高个人或者组织绩效的质量和有效性。以下梳理了学者们关于绩效改进的一些重要观点：

梁林梅认为绩效改进是一种全面的方法，可以准确找出阻碍员工达到最佳绩效的因素，之后制定有效的战略来消除这些障碍，帮助员工提高绩效，发挥最大潜能。

孙波认为组织之所以努力提高绩效，是因为发现了可以提高成员工作能力、效率的领域，这些领域可能会阻碍组织实现其目标。同时，制订切实可行的绩效改进计划对于组织实现积极变革至关重要。

焦旭光认为绩效改进是绩效评估的后续阶段，是绩效评估与目标设定周期之间的关键纽带。组织管理者将绩效改进计划作为激励手段，对可能无法达到既定目标的员工进行指导。

王慧君认为提高绩效包括承认不足和差距，然后制订和执行具体的改进计划和战略，以不断增强企业的竞争优势。

罗布森主张绩效改进是指通过各种手段和策略，对组织或个人的绩效进行提高和优化的过程。绩效改进旨在通过发现和解决问题、优化流程和资源配置、提高工作效率等方式，不断提高绩效，实现更好的业绩和效果。

（三）绩效改进的理论基础

要对绩效改进的理论基础进行研究，就必须对支撑个体动力的多方面因素进行细致的探索。下面分别详细介绍马斯洛需求层次理论、X 理论与 Y 理论以及双因素理论，旨在构建一个全面的绩效改进框架。

1. 马斯洛需求层次理论

马斯洛需求层次理论是亚伯拉罕·马斯洛（Abraham Maslow）在20世纪40年代构建的一个代表人类需求的五级金字塔，最基本的需求位于底部，更高层次的需求位于顶部，如图1–1所示。

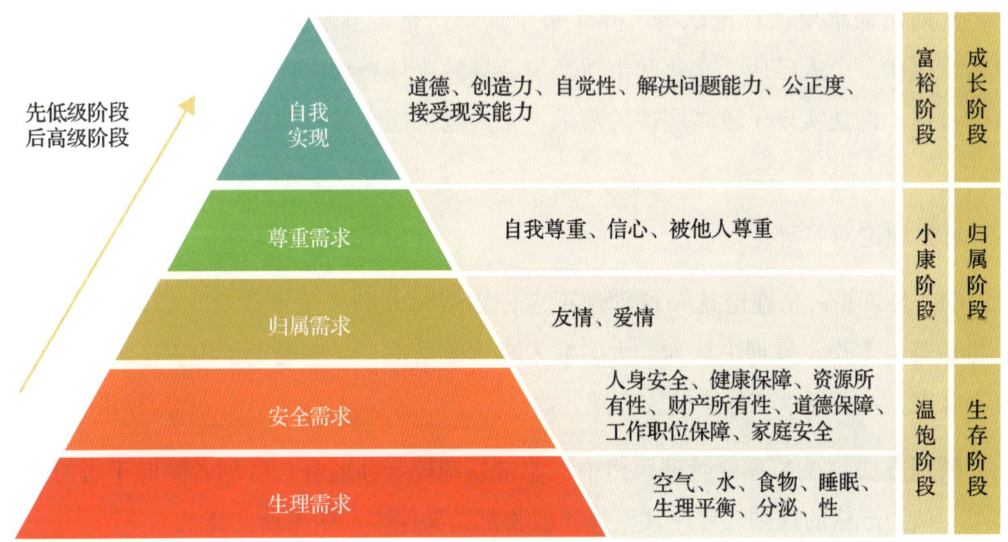

图1–1 马斯洛需求层次理论

生理需求：这是人类生存的最基本需求。它包括空气、食物、睡眠、生理平衡、分泌和性等基本需求。因为人类这些需求得到满足时，身体和精神才能得到满足。没有这些，就很难关注生活中的其他事情。

安全需求：一旦生理需求得到满足，人们就会寻求安全和稳定，这包括人身安全、健康保障、资源所有性、财产所有性、道德保障、工作职位保障以及家庭安全。人们渴望有一个稳定、可预测的环境，能够获得医疗保障和经济保障，来缓解焦虑和恐惧。

归属需求：人类天生就是社会性动物。在满足生理需求和安全需求之后，对满足归属需求变得尤为突出，这包括获得友谊、爱情，组建家庭和成为社会的一分子。满足这种需求可以获得情感支持和联系感。

尊重需求：该需求包括自尊和来自他人的尊重。自尊是一种自我感觉良好并相信自己的能力。来自他人的尊重包括获得他人的认可、尊重和钦佩。

自我实现：自我实现是马斯洛需求层次理论的最高层次，这是指充分实现个人潜能，追求个人成长和成就感。它包括道德、创造力、自觉性、解决问题能力、公正度以及接受现实的能力。

马斯洛需求层次理论的生理需求和安全需求属于温饱阶段和生存阶段的需求；归属需求和尊重需求属于小康阶段和归属阶段的需求；自我实现属于富裕阶段和成长阶段的需求。

马斯洛需求层次理论认为，并非每个人都严格遵守从生理需求到自我实现这五个需求层次，个人经历、文化和生活环境会导致个体差异。此外，自我实现是一个持续的过程，即使实现了较高层次的需求，个人也可能在必要时重新审视较低层次的需求。

2. X 理论与 Y 理论

（1）X 理论：X 理论是一种管理观点，它假定人们天生不喜欢工作，如果可能，会尽量避免工作。该理论认为，大多数人喜欢被指挥，希望避免承担责任，没有什么雄心壮志，主要寻求工作中的安全感。

管理方法：在 X 理论管理风格中，非常强调控制和监督。管理者倾向于密切监控员工，认为严格的规则、程序甚至惩罚威胁都是确保生产效率所必需的。

沟通：X 理论中的沟通往往是自上而下的，员工很少有机会提出意见或参与决策。这是一种从管理层到员工的单向信息流。

激励：X 理论下的员工可能主要受经济回报和对后果的恐惧所激励。管理者的作用是创造一个有序、受控的环境，以保证员工的工作效率。

（2）Y 理论：Y 理论认为工作可以像玩耍一样自然，人们可以在工作中找到满足感。该理论认为，人并非天生懒惰或胸无大志，而是富有创造力，可以自我激励并能够自我指导。

管理方法：Y 理论的管理风格更加强调信任、授权和参与式决策。管理者认为，应为员工提供成长的机会。

沟通：Y 理论中的沟通更加双向和开放。管理者更倾向于征求员工的意见，鼓励反馈，并让他们参与问题的解决和决策过程。

激励：Y 理论认为，激励员工的因素多种多样，不仅仅是经济激励，认可、个人成长和成就感是更重要的激励因素。这种理论认为，管理者应努力创造积极包容的工作环境，以激发员工的内在动力。

3. 双因素理论

赫茨伯格的双因素理论，又称激励－卫生理论，是一种以工作满意度和不满意度为研究对象的心理学理论。赫茨伯格认为，卫生因素（又称维持因素）和激励因素（又称满足因素）这两组不同的因素会影响人们在工作场所的态度和行为。

（1）卫生因素：卫生因素是工作环境中的一些因素，如果缺乏这些因素或这些因素不令人满意，就会引起对工作的不满。然而，这些因素的存在也不一定会带来满意度，它们只是有助于防止不满意度的产生。这些因素包括：

薪酬和福利：公平的薪酬和福利对满足员工的基本需求和防止员工产生不满情绪至关重要。

工作环境：安全、清洁和舒适的工作环境是避免工作不满的必要条件。

公司政策：员工希望公司有明确公正的政策和程序，以避免产生挫折感和不满情绪。

监督：称职和支持型的管理者可以通过提供指导和提出明确的期望来避免员工的不满情绪。

人际关系：与同事和上司保持良好的关系对减少冲突和不满至关重要。

（2）激励因素：激励因素是指如果存在就会提升员工工作满意度和积极性的因素。它们是激励员工以最佳状态工作的因素。这些因素包括：

成就感：成就感和具有挑战性的工作可以激励员工全力以赴。

认可：一个人的贡献和努力得到认可和赞赏是一种强大的激励因素。

工作本身：有趣、有意义并能为员工提供个人成长和发展机会的工作能极大程度地激励员工。

责任感：让员工对自己的工作有一种主人翁意识和责任感，可以提高他们的工作满意度。

晋升：职业发展和晋升机会可以成为一种激励因素。

赫茨伯格的双因素理论认为，工作满意度和不满意度是两个不同的维度。改善卫生因素可以消除员工对工作的不满，但并不一定会给员工带来满意。为了提高员工的工作满意度和工作积极性，管理者应注重在工作场所提供激励因素。这意味着要为员工创造机会，让他们在工作中体验成就、得到认可和个人成长。赫茨伯格的双因素理论对组织如何设计工作岗位、提供反馈和认可以及促进员工参与都有影响。该理论深入揭示了哪些因素可以降低工作不满意度，哪些因素可以提高工作满意度，因此是搭建了解员工激励和满意度的重要框架。

4. 胜任力模型

胜任力模型又叫作胜任特征模型，具体来讲，它是对个体特征（动因、专业技能、个人能力和个体性格特质）的描述。我们可以通过这些描述出来的个体特征来区分绩效优和绩效良的个体。胜任力模型通常是根据组织或工作岗位的独特需求和目标量身定制的，它提供了一种结构化的方法来界定和评估个人在其岗位上取得优异成绩所需的资格和能力，是招聘、绩效评估的结构化指南。胜任力模型通常包括多个组成部分，见表 1–1。

表 1–1　　胜任力模型

核心能力	特定工作能力	领导能力	行为能力
沟通、解决问题、团队合作和适应能力	技术技能、特定行业知识和特定工作行为	领导、决策和战略思维相关的能力	诚信、道德和情商等个人品质

5. 冰山模型

冰山模型：1973 年，著名学者麦克利兰提出了冰山模型。显而易见的冰山一角和被淹没的冰山以下部分之间的对比，说明了一个人的工作能力不仅取决于其表面的技能，还取决于更深层次的内在素质。虽然显而易见的技能是工作执行的最低要求，但真正区分普通员工和杰出员工的是隐藏的动机、特质、自我认知和社会角色。与其他可以通过教育和培训获得的技能不同，这些与生俱来的特质构成了能力的基石，而且难以改变。而那些需要通过培训塑造的自我概念和能力则需要长期持续的努力，才能实现实质性的转变。

具体来讲，冰山模型本质上是指导组织内整个人才管理周期的工具。它是一个多方面的工具，在组织运作的各个方面发挥着举足轻重的作用。

招聘和选拔：该模型通过精确定位某一职位所需的核心能力，协助编写职位描述和候选人档案。这有助于组织招聘到技能与工作要求相匹配的人员。

培训与发展：该模型通过识别员工间的能力差距，提供量身定制的培训计划，解决具体的技能缺陷。这种有针对性的方法可确保培训工作重点突出、高效，且有助于提高员工的能力。

绩效管理：该模型可提供明确的能力要求，管理者据此可以客观地评估员工的绩效，肯定成绩，并指出其需要改进的地方。

职业发展：该模型有助于员工了解职业发展所需的技能和行为。它能够使员工确定成长和发展的领域，并持续学习和进步。

继任规划：通过明确领导角色所必需的能力，该模型可帮助组织识别潜在的领导。这样，组织就能有针对性地培养人才，确保其在出现职位空缺时能更顺利地上岗。

从本质上讲，冰山模型是一种综合工具，它将组织发展和人力资源的各个方面紧密结合在一起，通过领导角色明智的决策、员工有针对性的努力和组织结构化的绩效评估，推动绩效的提高。

6. 洋葱模型

洋葱模型由理查德·博雅奇斯提出，该模型与“冰山模型”类似，被广泛应用于领导力和教练技术领域。该模型以多层次的方式概述了个人职业发展的过程，如图 1–2 所示。

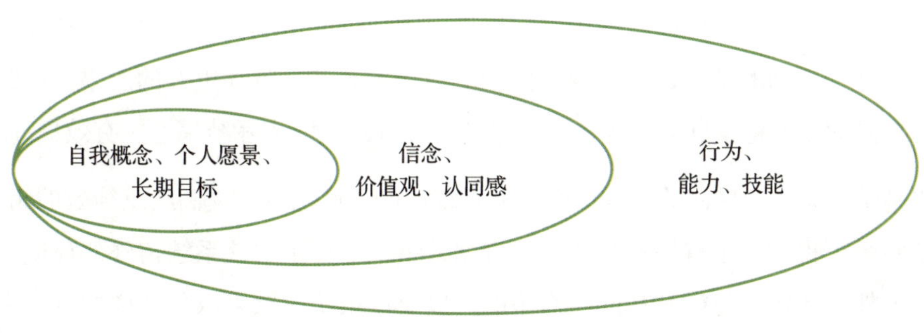

图 1–2　洋葱模型

表层：这一层代表个体当前的行为、能力和技能。这是个体在日常生活中的行为和方式，也是个体理应具备的最基本的特质，这一部分是可见的。

中间层：在这一层中，个体可以找到自己的信念、价值观和认同感。这一层承载着个体的潜在动机、欲望和愿望，它是行动背后的原因。

核心层：核心层是最深层、最难被感知和发现的一层。它包括自我概念、个人愿景和长期目标。这一层代表着个体想成为什么样的人以及人生的终极目标。

该模型表明，真正持久的个人职业发展需要从核心层向外发展。换句话说，个体首先要了解自己的个人愿景，并与之保持一致，然后影响中间层的信念和价值观。这二者反过来又会改变个体的表面行为和能力。博雅奇斯的洋葱模型强调自我意识、意图以及与个人价值观保持一致对于个人和职业成长的重要性。

洋葱模型同冰山模型本质是一样的，都强调核心素质或基本素质。对一个人核心素质的测评，可以预测他的长期绩效。但洋葱模型更突出潜在素质与显现素质的层次关系，比冰山模型更能说明个体素质之间的关系。

二、绩效改进的基本原则

在实现组织最终目标的过程中，组织和个人都在不断寻求提高绩效的方法和基本原则。理解和应用这些基本原则对于实现组织目标、优化工作流程以及推动个人的职业发展都至关重要。

以结果为导向的基本原则：在绩效改进领域，以结果为导向的基本原则是把注意力集中在最终结果和成就上，而不是集中在过程上。这种原则强调制定明确、可衡量的目标，这些目标应具体、可实现、相关且有时限。定期监测和数据收集对于衡量进展和评估取得的实际成果至关重要。这种以数据为导向的方法因为个人和团队都要对实现规定的成果负责，所以有助于领导层做出明智的决策和问责。此外，持续改进的理念也是这一原则的基础，推动着人们不断追求更高的绩效和更好的成果。最终，以结果为导向的原则将重点从完成任务转移到实现有意义的实际结果上，有效提高绩效。

以系统性思维为导向的基本原则：从系统论的角度出发，提高组织绩效的第一步，就是要将组织视为一个有机的系统。一方面，组织需要了解该系统与外部环境之间的联系，即外部环境是怎样对其产生作用的，以及该系统应该采取什么样的方式来适应外部环境；另一方面，组织要关注这一系统的各组成部分是如何互动并彼此影响的。这一原则，既可以帮助组织中的成员辨识出影响组织绩效的多重因素，又可以促进组织策略的制定与执行。不仅如此，绩效改进遵循工作过程系统化来提升绩效，其内容包括：组织绩效分析、制定绩效改进措施、绩效改进策略实施、绩效改进评估等，每个环节都必不可少。在各环节的执行中，组织既要兼顾绩效改进各个环节的系统性，又要兼顾各个环节对员工和组织的影响。系统性思维原则还能促进持续改进的文化。如一个领域做出改变，整个组织将会产生连锁反应，其他领域也需要做出调整。这鼓励组织定期重新评估战略，以此来适应不断变化的环境。

运用系统性思维原则进行绩效改进是将组织作为一个整体进行分析，而不是孤立地解决问题。进而组织可以创建一个更有效、可持续的改进框架，这种方法的主要优势是能够培养一个全面的绩效视角。系统性思维原则不是简单地对个别问题进行快速修复，而是鼓励组织深入挖掘并发现根本原因。例如，如果一家公司的销售额正在下降，运用系统性思维原则分析，可能会发现，问题并不仅仅与销售团队的表现有关，还可能与营销策略、产品质量或客户服务等其他因素有关。

总之，遵循以系统性思维为导向的基本原则的绩效改革方法可以给组织内部带来更全面、更持久的改进。它强调组织内部的相互依存关系，鼓励组织更深入地了解问题，最终使组织在瞬息万变的商业环境中获得强大的竞争力和影响力。

三、绩效改进的发展历程

绩效改进主要包括三个发展阶段，分别为程序教学阶段、绩效与教学阶段以及绩效改进阶段。

程序教学阶段：程序教学阶段的主要发展时间为 20 世纪 50 年代中期至 60 年代中期。这一阶段的专家认为程序教学在学习过程中发挥着重要作用。1954 年，哈佛大学行为主义心理学家斯金纳发表《学习的科学和教学的艺术》。1962 年，绩效技术领域最初的专业教学协会——全美程序教学协会在美国成立。

绩效与教学阶段：绩效与教学阶段的主要发展时间为 20 世纪 60 年代中期至 80 年代中期。这一阶段的专家主张将培训融入教学设计中。1968 年，哈利斯提出了前端分析的概念，包括学习需要分析、学习内容分析、学生特征分析。1969 年，加涅等人在斯金纳的理论基础上提出了教学心理学，并发表《学习的条件》，他的理论也被后世称为“行为主义—折衷主义”。1972 年，全美程序教学协会更名为全美绩效与教学协会。

绩效改进阶段：绩效改进阶段的主要发展时间为 20 世纪 80 年代中期至今。这一阶段组织将关注的重点从“培训”转向“绩效技术”。在 80 年代中期，对培训的支持与质疑的声音并存。学者们对教学设计的需求不再局限于开发培训产品和培训课程。值得注意的是，1995 年，全美绩效与教学协会更名为国际绩效改进协会。

我国在 1970 年年末进行了市场体制改革，共经历了三代绩效管理，分别为人事考核、绩效考核以及绩效管理。目前我国正在经历第四代绩效管理——战略绩效管理的萌芽时期。战略绩效管理将绩效管理从业务事务转向战略方法，突出绩效管理与企业战略实现的一致性。通过分解战略目标和规划，将其转化为企业内部各级的目标和计划，确保对目标和计划的有效管理，从而实现个人、部门和企业的整体绩效，确保企业战略的实现。

第二章

绩效改进的流程与措施

一、设定绩效改进目标

绩效改进目标就是组织、各部门以及各工作岗位在其理想状态下应该达到的标准。企业绩效问题的背后并非只是员工能力欠缺。深入分析绩效改进系统的知识理论发现，需求与结果的偏差多是源于管理者未能正确的梳理发现问题的根本原因，因此运用了不适当的方法去解决问题。例如，很多管理者把问题归结于员工能力的不足，但事实上有可能是因为原有的工作流程不适应现有工作；也有很多的中层管理者把问题归结于资源提供不足，而实际上可能是由于员工并不清楚所掌握的资源或需要哪些资源。因此，设定绩效改进目标对企业推动绩效改进起着至关重要的作用。

企业在进行绩效改进之前，需要先明确绩效改进的目标。首先，企业应该明确需要改进的问题或绩效问题，尽可能具体地描述哪些方面没有达到预期目标。其次，企业可以设定具体的、可衡量的目标，使用具体的衡量标准或关键绩效指标（KPI）来量化是否达标。再次，企业应该确定时限和范围，明确实现改进的时间框架。确定目标的性质，可以是短期、中期或长期。同时，企业还应该了解改进的范围，是涉及个人、团队、部门，还是整个组织，明确目标的责任人。最后，企业应该确定绩效改进目标与更广泛的组织目标和使命相一致，这样才能确保所做的努力有助于成功。

在组织内部设定绩效改进目标，实质上就像点亮一盏指路明灯。通过确定这些目标，全体员工对成功有了一致的认识。这种明确性会激发动力，鼓励组织的每个人都为实现这些目标而努力，不仅能够提高组织的生产率，还能够促进发展与创新。它们促使团队探索新的方式、技术和方法，开发更高效的流程，创造创新产品或服务，以及发掘潜在客户，以实现或超越这些目标。

此外，这些绩效改进目标还为衡量组织进展提供了明确的方法。它们使组织能够跟踪进展情况，确定需要关注的领域，并做出必要的调整。这种设定、追求、评估和重新调整目标的不断循环，创造了一种持续改进的文化，推动组织取得更高的成功和绩效。

二、确定绩效差距

在组织追求目标的过程中，确定绩效差距的过程是一项基本的战略任务。这项重要工作涉及根据既定基准对当前绩效进行系统评估，发现组织未达到其目标的领域。认识和理解这些差距是组织发展的关键，因为它为组织提供了应该在何处如何进行改进的宝贵建议。确定绩效差距，使组织能够了解当前绩效与目标绩效水平之间的差距，认识到这些差距有助于组织就如何提高效率和整体生产力做出明智的决策。下面将深入探讨如何进行绩效差距的识别和分析，并有针对性地介绍了前端分析模型、平衡计分卡、KPI 模型等相关模型来辅助组织进行绩效差距分析。

（一）绩效差距识别

绩效差距又称绩效缺陷或绩效差异，是指个人、团队、部门或组织的预期或期望绩效水平与实际绩效水平之间的差距或差异。绩效差距的存在可能对组织产生消极影响，具体见表 2-1。

表 2-1　　绩效差距消极影响

绩效差距	消极影响
错过战略目标	表明组织没有实现其战略目标。这可能会导致当前绩效偏离预期路径，阻碍组织的整体成功，并可能影响其在市场中的竞争地位
生产力下降	通常意味着流程效率低下，这种低效率可能会导致生产力下降，因为员工可能会花费更多的时间和资源来达到预期的结果
员工士气低落	持续低于绩效预期可能会使员工士气低落，产生挫败感、无用感，对工作满意度下降，从而可能导致更高的人员流动率，人才保留困难

续表

绩效差距	消极影响
客户满意度降低	如果绩效差距影响产品或服务的质量，客户满意度可能会下降。不满意的客户有可能寻求替代品，从而导致市场份额流失，损害公司声誉
资源效率低下	绩效差距通常表明资源分配不理想，这可能意味着时间、金钱和人力等资源没有得到有效利用，导致成本增加并可能影响公司的利润
创新停滞的风险	未能解决绩效差距可能会阻碍组织的创新和适应不断变化的市场。这种适应性的缺乏可能会使组织容易受到干扰和有碍技术进步
部门间关系紧张	绩效差距可能会导致部门间关系紧张，阻碍协作并削弱组织的整体协同作用
吸引投资者困难	投资者通常被业绩好、增长潜力大的公司所吸引。持续的绩效差距可能会阻止潜在投资者，使组织难以获得扩大规模或实现战略举措的资金
缺乏竞争优势	持续表现不佳可能会削弱组织的市场竞争优势，被竞争对手超越

综上所述，对于组织来说，解决绩效差距以减轻这些消极影响至关重要。

（二）绩效差距分析

1. 前端分析模型

美国学者约瑟夫·哈里斯在 1968 年提出了前端分析这一概念。在培训实践的过程中，哈里斯发现，培训并不能解决所有的绩效问题，所以他建议在实施培训前进行分析，而不是在培训之后。具体来讲，该模型强调，在教学设计过程开始的时候，应该先去分析那些影响教学设计但是又不属于具体设计事项的问题。例如，学习者特征分析、教学内容分析和学习环境分析。

随着绩效改进的发展，哈里斯采用流程图的方式呈现出前端分析模型。该模型将需求（问题）与机会这两类绩效改进的动因区分开来，引导绩效改进顾问一步步展开前端分析工作，为绩效改进中的绩效分析提供了实战性的方法，如图 2–1 所示。

2. 平衡计分卡

平衡计分卡由罗伯特·卡普兰和戴维·诺顿提出，是一种战略绩效管理框架，它超越了传统的财务指标，是一种可视化的绩效管理框架。它能够全面反映一个组织的健康状况和绩效，包含四个相互关联的视角，分别为财务视角、客户视角、内部业务流程视角以及学习与成长视角。

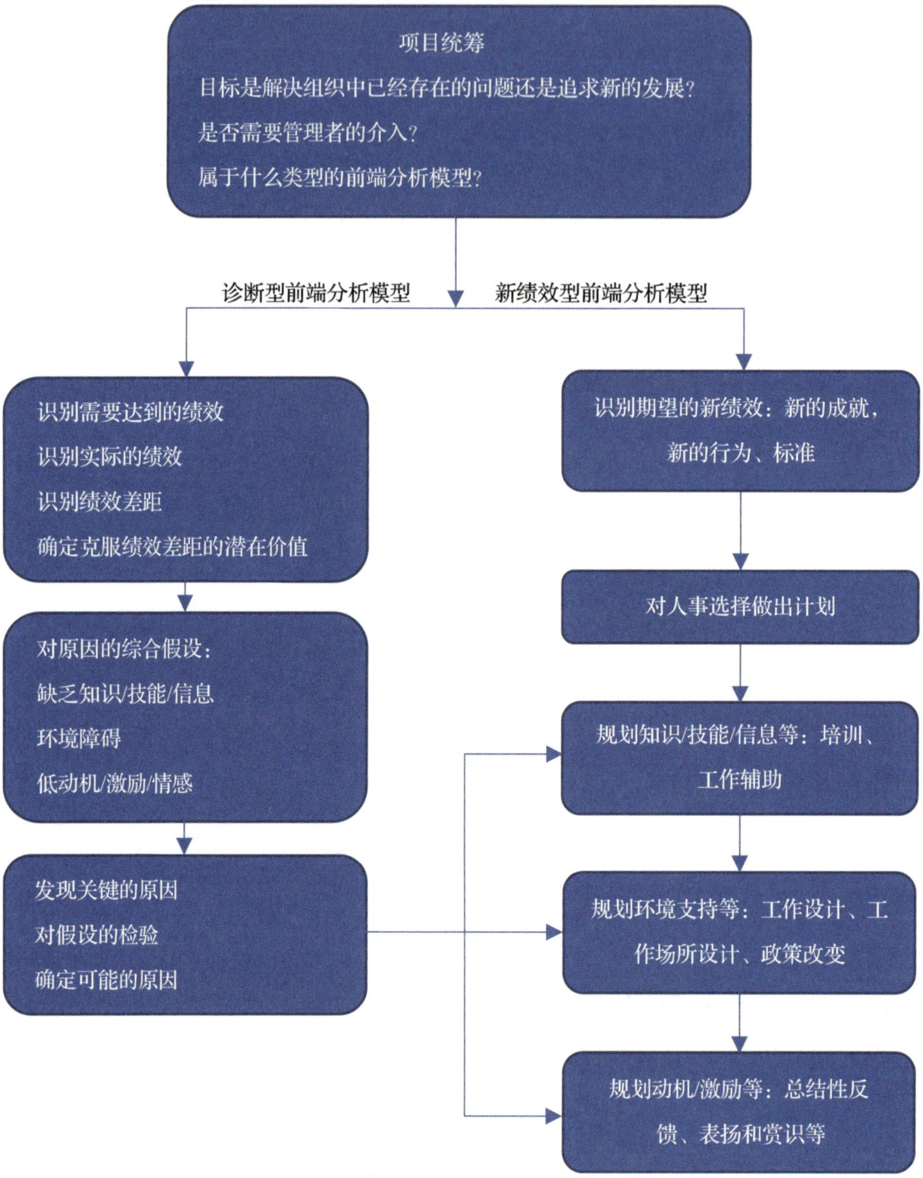

项目统筹
目标是解决组织中已经存在的问题还是追求新的发展？
是否需要管理者的介入？
属于什么类型的前端分析模型？

诊断型前端分析模型

识别需要达到的绩效
识别实际的绩效
识别绩效差距
确定克服绩效差距的潜在价值

对原因的综合假设：
缺乏知识/技能/信息
环境障碍
低动机/激励/情感

发现关键的原因
对假设的检验
确定可能的原因

新绩效型前端分析模型

识别期望的新绩效：新的成就，新的行为、标准

对人事选择做出计划

规划知识/技能/信息等：培训、工作辅助

规划环境支持等：工作设计、工作场所设计、政策改变

规划动机/激励等：总结性反馈、表扬和赏识等

图 2-1　前端分析模型

从财务视角分析关键财务指标，来衡量组织的经济可行性。客户视角则侧重于了解和满足客户需求，评估客户满意度和忠诚度。内部业务流程视角深入研究内部运营的效率和效果，确定需要改进和优化的领域。学习与成长视角审视组织能力、员工技能和技术基础设施，促进组织持续改进和创新。

作为绩效管理工具，平衡计分卡具有诸多优势。一方面，平衡计分卡克服了传统财务绩效衡量模式的片面性和滞后性。另一方面，与目标管理、关键绩效指标等绩效

管理工具相比，平衡计分卡在目标制定、行为引导、绩效提升等方面具有明显的管理优势，能够为组织绩效目标的达成提供有力保障。平衡计分卡具有始终以战略为核心、重视协调一致和强调有效平衡三大特点。

首先，平衡计分卡始终以战略为核心。具体来讲，卡普兰和诺顿指出，任何一个衡量系统，其目的都应该是激励所有管理者和员工成功执行战略。平衡计分卡以提升战略执行力为出发点，先后探讨了如何对战略进行衡量、管理、描述、协同以及如何实现战略管理与运营管理的有效结合等难题。平衡计分卡为组织提供了一个能够从四个不同的层面来描述战略的管理框架，使组织的管理者能够站在全局的高度审视绩效结果和驱动因素。

其次，平衡计分卡重视协调一致。为了实现化战略为行动的目的，平衡计分卡将协调一致提升到了战略的高度，认为协同不仅是创造组织衍生价值的根本途径，也是实现客户价值主张的必要保障，因此有必要形成一套严谨的协同机制以确保战略落地。平衡计分卡是协同的管理工具，也可以说是协同的操作平台，它从财务、客户、内部业务流程、学习与成长四个层面界定了协同的内容，以及协同效果的衡量指标。

最后，平衡计分卡强调有效平衡。平衡计分卡所强调的平衡，不是平均主义，不是为平衡而平衡，而是一种有效平衡。这种有效平衡是指在战略的指导下，组织通过平衡计分卡各层面内部以及各层面之间的目标组合和目标因果关系链，合理设计和组合财务与非财务、长期与短期、外部群体评价与内部群体评价、客观与主观判断、前置与滞后等不同类型的目标和指标，以实现组织内外部各方力量和利益的有效平衡。这些平衡包括：

（1）财务指标与非财务指标的平衡。为了弥补传统业绩衡量模式单纯依赖财务绩效指标的局限性，平衡计分卡引入了客户、内部业务流程、人力资源、信息管理、组织发展等非财务指标，对组织绩效进行综合评价，这是平衡计分卡的基本特征。

（2）长期目标与短期目标的平衡。组织的主要目标是创造持续增长的价值，它意味着一种长期承诺，但是组织也必须同时创造出较高的短期业绩。当市场竞争加剧而组织可利用的资源相对短缺时，管理上的短视行为和“寅吃卯粮”的现象时有发生，也就是说，短期结果总是以牺牲长期利益为代价实现的。在平衡计分卡中，内部业务流程层面的每一类内部流程为组织带来收益的时间段都不同，管理者可以通过内部流程的组合，形成不同的战略主题，以确保组织的长短期利益能够得以兼顾，从而实现可持续发展。

（3）外部群体评价指标与内部群体评价指标的平衡。首先，作为社会系统的构成单元，组织的经营管理决策和行为总是受政府、供应商、辅助厂商、消费者、同业竞争者、行业协会等利益相关者的影响，它所生产和提供的产品或服务只有被目标客户认可，才能在市场上占有一席之地。其次，股东和董事会成员能够从根本上影响组织的发展方向。此外，组织内部也是一个由不同群体构成的社会子系统，生产、研发、营销、人力资源等不同单元之间的互动，员工之间的人际沟通和工作协调，以及员工个人的职业发展、公平感受和组织承诺等都会影响组织发展。平衡计分卡认识到了在实施战略的过程中有效平衡这些群体利益的重要性。

（4）客观指标与主观判断指标的平衡。由于传统的业绩衡量模式偏重于从财务数据上考察员工个人的工作成效和组织的整体经营成果，因此目标管理、关键绩效指标等以往的绩效管理工具在指标设计和权重分配上都强调可量化性，倾向于选择定量指标并给这些指标赋以较高权重，这样难免忽略一些十分重要的定性指标。而平衡计分卡所倡导的绩效评价指标体系，不仅包括能够即时获取客观数据的财务类指标，还纳入了客户、流程以及无形资产方面的指标。这些指标，尤其是关于无形资产的衡量指标，管理者常常难以根据单一数据对其做出准确判断，而要更多地依赖于亲身体验、主观感受和经验判断。

（5）前置指标与滞后指标的平衡。为了加强对绩效的预测、监测、评价和控制，平衡计分卡对财务、客户、内部业务流程和学习与成长四个层面进行了区分，其中财务层面和客户层面描述了组织预期达成的绩效结果，而内部业务流程层面和学习与成长层面则描述了组织如何达成战略的驱动因素。根据这一逻辑，平衡计分卡将前两个层面的指标界定为滞后指标，而将后两个层面的指标界定为前置指标。在此基础上，平衡计分卡依据动态管理的原则，将每一个层面的指标按照因果关系进一步划分为前置指标和滞后指标。一般来说，对工作过程或阶段性成果进行衡量的指标为前置指标，对工作的最终结果进行衡量的指标为滞后指标。

表 2–2 为某单位的平衡计分卡示例。

表 2–2　　　　平衡计分卡示例

层面	目标	指标	目标值	行动方案
财务	平衡的业务品种收入	营业收入的分布比例	30% 来自业务 A 35% 来自业务 B 35% 来自业务 C	新的营销方案 加强新业务的营销

续表

层面	目标	指标	目标值	行动方案
客户	客户满意度	客户保持率	95%	常客 / 大客户优惠方案 改进线上交易系统
内部业务流程	新业务品种开发量	新业务产品收入占比	2021 年占比 15% 2022 年占比 50% 2023 年占比 60%	增加 R&D 的投资项目 建立客户反馈系统
学习与成长	员工的专业技能	专业培训覆盖率	90%	聘请专业讲师 建立知识数据库

3. KPI 模型

KPI 模型是组织用来定义、衡量和跟踪其关键业务指标的结构化框架。KPI 是具体的、可衡量的、可操作的指标，可以通过这些指标深入了解组织各个方面的绩效。KPI 模型可作为选择、实施和监控这些指标的指南，以评估组织目标的进展情况。

下面介绍 KPI 模型通常涉及的内容。

战略目标：KPI 模型始于对组织战略目标的清晰了解。这些是组织旨在实现的总体目标，例如收入增长、客户满意度或运营效率。

识别关键领域：在每个战略目标中，该模型有助于识别对取得成功至关重要的关键领域或关键结果领域，这些领域将应用 KPI 来衡量绩效。

KPI 的选择：对于每个关键领域，选择特定的 KPI。KPI 应与战略目标保持一致，并提供可量化的成功衡量标准。例如，如果客户满意度是一个战略目标，KPI 可能包括净推荐值或客户保留率。

测量指标：KPI 模型定义每个选定 KPI 的测量指标和测量单位。这确保了有一个标准化且一致的方法来评估一段时间内的绩效。

目标和基准：组织为每个 KPI 设定具体目标或基准。这些目标通常基于历史绩效、行业标准或组织的战略目标。目标为评估绩效是否达到预期提供了参考点。

数据收集和分析：该模型概述了收集与所选 KPI 相关的数据的流程和系统。定期分析这些数据可以帮助组织跟踪进度、识别趋势并做出明智的决策。

报告和沟通：KPI 模型包括向相关利益相关者报告 KPI 绩效的框架。这可能涉及定期报告、仪表板或其他沟通机制，让利益相关者了解进展情况和可能需要关注的领域。

持续改进：KPI 模型的关键方面之一是强调持续改进。组织利用从 KPI 中获得的见解来完善策略、优化流程并进行调整以提高整体绩效。

总之，KPI 模型是一种战略工具，可帮助组织系统地衡量和评估其在与其战略目标相一致的关键领域的绩效。它提供了一种结构化的方法来选择、定义和利用 KPI 来推动组织持续改进。

三、制定绩效改进策略

“绩效改进之父”托马斯·吉尔伯特提出行为工程模型（Behavioral Engineering Model，BEM），如图 2–2 所示。吉尔伯特认为有两大类、六小类因素影响着员工的工作绩效结果。两大类是指环境因素和个体因素。环境因素包括三小类，分别是数据、信息和反馈，资源、流程和工具，后果、激励和奖励。个体因素有三小类，分别是知识和技能、天赋潜能、态度动机。

图 2–2 吉尔伯特的行为工程模型

盖洛普 Q12 是针对前导性指标中的员工敬业度和工作环境的测量。盖洛普强调，如果没有测量，那么就没有管理。盖洛普通过采访一百多万名员工和一千多个部门，然后经过缜密的数据分析，总结出几个问题。盖洛普发现这 12 个关键问题最能反映员工保留率、利润率、生产效率和顾客满意度等重要经营业绩指标。

盖洛普 Q12 与吉尔伯特行为工程模型见表 2–3。

表 2–3 盖洛普 Q12 与吉尔伯特行为工程模型

Q12	BEM
1. 我知道对我的工作要求	数据、信息
2. 我有做好我的工作所需要的材料和设备	资源、工具
3. 在工作中，我每天都有机会做我擅长的事情	天赋潜能
4. 在过去七天里，我每天都有机会做我擅长的事情	激励和奖励
5. 我觉得我的主管或同事关心我的个人情况	激励

续表

Q12	BEM
6. 工作单位有人鼓励我的发展	激励
7. 在工作中，我觉得我的意见受到重视	反馈
8. 公司的使命 / 目标使我觉得我的工作重要	数据、信息
9. 我的同事致力于高质量的工作	环境因素
10. 我在工作单位有一个要好的朋友	环境因素
11. 在过去的六个月内，工作单位有人和我谈及我的进步	后果、激励和奖励
12. 在过去一年里，我在工作中有机会学习和成长	后果、激励和奖励

四、绩效干预

绩效干预，是指企业以缩短绩效差距、提升绩效为目标，对组织活动所进行的战略规划。绩效干预方案是指根据前期绩效差距分析的结果，有针对性地对组织目前所存在的问题对症下药，经过不断设计与开发所形成的系统性的综合方案。本部分内容主要从绩效干预方案的基本内容、绩效干预措施分析工具的选择以及绩效干预的意义等方面全面地介绍绩效干预并帮助企业有效地进行绩效干预。

（一）绩效干预方案的基本内容

绩效干预方案是通过确定组织内的绩效差距并了解其根本原因而制定的。它通常是指一种深思熟虑的行动或战略，旨在改善或提高个人、团队或组织在特定环境或任务中的绩效。它涉及有针对性的措施，旨在应对挑战、优化流程或促进积极变革，以取得更好的成果。具体来讲，绩效干预方案不仅要找出绩效差距的根本原因，还要制定战略和战术，以提高组织绩效，从而最大限度地缩小绩效差距。至关重要的是，要将绩效干预方案与单纯的解决方案区分开来；解决方案解决的是现有的或预期的问题，而绩效干预方案则源于绩效分析，既包括解决方案，也包括发展举措。一个强有力的绩效干预方案不仅是要解决问题，而是通过抓住机遇，积极主动地为组织的发展做出贡献。此外，绩效干预措施也是一个关键组成部分，通常会将多种干预措施整合到方案中，以解决各种绩效问题。例如，为了提高销售业绩，干预方案中可能会纳入工作协助、业绩衡量、奖励制度、团队建设和培训等干预措施。

设计绩效干预方案需要经历以下步骤：绩效分析结果再分析、干预措施选择和方案设计。其中，“再分析”是为了加深对绩效差距的认识，进一步明确方案设计目标而对绩效分析结果进行的再次分析。“干预措施选择”是针对导致绩效差距的各方原因，选择出具体的应对办法。“方案设计”则是对选择出的各项应对办法进行综合，完成干预方案的设计，包括构建宏观框架和完成细节内容两部分。

1. 干预措施的选择

在干预措施整合成为解决方案的过程中，我们将运用到的是“成本—效益分析”方法，这一方法帮助我们从 5 个方面来观察各项干预措施，并且筛选出符合需要的干预措施，设计开发出一套完整的解决方案，下面我们具体来看一下“成本—效益分析法”的 5 个方面：

（1）需要性：我们面对的问题或机会很多很复杂，我们只能依据企业当时可以提供的资源、时间、人力和物力选择那些最大、最严重或最棘手的问题先解决。因此，最终选择的干预措施一定是为解决主要且最需要解决的问题或把握最大最重要的机会而设定的。

（2）适当性：在原因分析中，既有表面原因、过渡原因，也有根本原因，如果干预措施是为了表面原因和过渡原因设立，实施一段时间后，可能没有最终改善绩效差距或问题，所以我们选择的干预措施最好是能够解决根本问题的，这样也更加符合“成本—效益分析”的最大化。

（3）可行性：这一点主要从组织现有的人力、物力、财力和时间空间等方面考虑是否能够支持某干预措施的实施，如果一项干预措施虽然能很好地解决某个问题，但由于人力的限制不能实现，那这项干预措施也是不可行的。

（4）经济性：我们对已经选择的干预措施应该做一下成本的预算，对于那些收益不高但成本高的干预措施需要考虑是否保留。当然，需要提醒的是，收益又分为直接收益和间接受益、短期收益和长期收益、有形收益和无形收益，这方面需要绩效改进人员和做绩效改进的组织管理者进行讨论确定。

（5）接受性：该点主要考虑一项干预措施是否能够被该组织的大部分人所接受。这一点是 5 个方面中最重要的一点，一项干预措施再好，但是组织中大部分人不接受，那就谈不上未来的实施了。接受分为两种层面的接受，一种是指组织层面的接受，即这项干预措施符合组织的文化、环境或价值观需要，组织中大部分人都可以接受；另一种是指个人层面，即指被那些掌握组织大方向的管理者和利益相关者所接受，这小部分人掌握了组织的资源运用，并且对绩效改进的命运起着决定性作用。

通过以上五个方面我们对干预措施有了一个很细致的判断，当把5项标准放在一起去考核的时候，我们需要用到一个优选矩阵来进行全面的筛选，请参考表2-4。

表2-4　　干预措施选择优先矩阵

措施	需要性	适当性	可行性	经济性	接受性		总分
					组织	个人	
干预措施1							
干预措施2							
干预措施3							
……							
干预措施 n							

根据具体的情况按需要设置措施，每一项以1~10分来打分，最终乘以权重得到的最后得分即是某项干预措施的总分，汇总下来我们容易区分，分数高的就是更优的干预措施。在实际操作过程中，可以让主要的参与者参与到优选矩阵的打分，最终通过平均分或总分加以判断，这样得出来的结果更加能确保参与者的参与度，参与者对干预措施的最终结果负责，体现出解决方案的确定更加科学和民主。

运用“成本—效益分析法”和优选矩阵两种方法，管理者对干预措施的选择和设计有了大致的把握，在进行干预措施整合的过程中，需要按照所需要解决问题的重要紧迫程度，以及干预措施所涵盖的内容、时间先后、资源要求、人员匹配等要求进行有机的结合。

2. 干预方案的开发

开发干预方案的一般流程包括五个阶段，分别为：筹备、计划、执行、修改和整理。下面对每个阶段的工作进行详细介绍。

（1）筹备阶段。筹备阶段最重要的就是选择并组建开发团队。在这里要注意的是，作为绩效改进人员，在组建团队时一定要注意让具有不同技能和专业背景的人员参与到开发团队中来，确保开发团队具备开发过程中所涉及的各种知识与技能。

（2）计划阶段。该阶段的主要工作是：开发团队制订出具体详细的开发计划。开发计划应包含开发任务、责任、时间安排以及所需资源等内容。其制订应与利益相关者进行充分沟通，必要时让部分利益相关者参与具体的计划工作，以保证其对计划的认可。

（3）执行阶段。执行阶段的工作主要包括两项：开发产品以及测试产品原型。开发的工作需要确保尽量与设计的方案保持一致。测试开发原型主要是为了获得最初的反馈，并为下一阶段的修改工作做好准备。这个阶段一定要充分听取利益相关者、领域专家及目标受众的意见。需要强调的是，本阶段的测试产品原型可大大降低开发风险，因此在条件允许的情况下务必不要省略此步骤。

（4）修改阶段。在执行阶段开发产品以及测试产品原型工作的基础上，本阶段，方案开发团队需要根据测试的反馈意见对产品进行进一步的修改。本阶段主要工作包括：①获取反馈信息：在对样品方案进行小规模测试使用后，有目的地收集各种反馈信息，以作为方案修改的重要依据。需要说明的是，执行阶段已经从直接的产品用户那里收集了一些使用反馈意见，在这里，开发团队需要扩大信息源，使用更多的手段，深挖更多的反馈信息。②评估反馈信息：由于反馈信息的来源和获取方式不尽相同，绩效改进人员需要进一步评估其信度和效度，通过“去粗取精，去伪存真”，找到方案实施中可能的障碍与问题，明确方案的修改方向与策略。③撰写反馈报告：将方案的修改意见写成详细的反馈报告，以供开发团队根据该报告对方案进行修改。④修改开发的产品：根据修改方案，开发团队对产品进行调整和修改。

（5）整理阶段。修改工作结束后，开发团队需要整理所有过程性要素，形成最终的干预方案。本阶段的主要工作包括：①整理干预方案：对开发出的各种产品进行有效整合，优化干预措施执行的顺序，并注意各种干预措施之间的相关作用，撰写各种产品的使用说明（包括使用时机、受众、使用方式与注意事项等），务求详细具体。②整理相关材料：对开发中使用和产生的各种材料进行搜集整理，一方面供方案实施时参考，另一方面也可为今后开发其他方案提供参考。③形成开发好的干预方案产品。最终的干预方案产品一般包括：开发好并已经有效整合的干预方案产品系统；方案产品使用说明与指南；开发方案有关材料。

（二）绩效干预措施分析工具的选择

分析工具在组织内部制定有效的绩效干预措施方面发挥着关键作用，指引决策者应对组织面临的复杂挑战。从仔细检查当前的绩效水平到确定需要改进的领域，SWOT 分析、成本效益评估等分析工具都能使组织在制定有针对性的干预措施时做出明智的决策。

1. SWOT 分析

SWOT 分析即强弱机威综合分析法，也称态势分析法。

SWOT 四个英文字母分别代表优势（strength）、劣势（weakness）、机会（opportunity）和威胁（threat），如图 2-3 所示。优势和劣势是内在要素，机会与威胁则是外在要素。从整体上看，SWOT 可以分为两部分：第一部分为 SW，主要用来分析内部条件；第二部分为 OT，主要用来分析外部条件。SWOT 分析实际上就是将与企业内外部条件密切相关的各种主要优势、劣势、机会和威胁等，通过调查列举出来，并依照矩阵形式排列，然后用系统分析的思想，把各种因素相互匹配起来加以分析，从中得出一系列相应的结论。运用这种方法，可以对组织所处情境进行全面、系统、准确的研究，有助于管理者和决策者制定较正确的发展战略和计划。

图 2-3　SWOT 分析

SWOT 分析能够让企业将注意力引向需要干预的特定领域，进而采取有针对性的干预措施。例如，企业如果发现了员工技能方面的薄弱环节，就可以通过实施有针对性的培训计划来弥补这一不足，从而提高整体绩效。此外，该分析侧重于优势和机遇领域，有助于优化资源分配。这可确保干预措施得到可用资源的支持，并有可能产生积极影响。SWOT 分析还可以帮助企业适应变化、认识外部机遇且适应和利用有利条件。

从本质上讲，SWOT 分析就像一个指南针，使组织能够根据内部优势调整干预措施，解决薄弱环节，抓住机遇，减少威胁，从而在动态的绩效改进环境中游刃有余。

2. 成本效益评估

成本效益评估提供了一个结构化框架，用于评估拟采用干预措施的财务影响，在协助组织进行绩效干预方面发挥着至关重要的作用。首先，成本效益评估有助于组织评估干预措施的预期效益是否超过相关成本。通过量化成本和效益，组织可以优化资源分配，将资源用于对绩效产生最大影响的措施。其次，各组织可利用成本效益评估来确定与干预措施相关的潜在风险。这包括评估所涉及的财务风险和不确定性，从而制定风险化解战略。同时，成本效益评估可以帮助组织确定干预措施的优先次序。具体来讲，在资源有限的情况下，成本效益评估有助于根据组织潜在的投资回报确定干预措施的优先次序。这可确保各组织将重点放在有望对绩效产生最显著积极影响的措施上。再次，成本效益评估为长期衡量干预措施的成功与否确立了基线。通过比较实际结果与预测效益，组织可以衡量绩效改进工作的成效，并相应调整战略。最后，可以提高向利益相关者通报成本效益评估结果的透明度，并为干预措施的实施争取支持。

总之，成本效益评估为参与绩效干预的组织提供了一个宝贵的工具，它提供了一个系统的方法来评估潜在行动对财务的影响，既可确保干预措施与绩效改进目标保持一致，还能为组织的整体财务健康做出积极贡献。

（三）绩效干预的意义

绩效干预能够对组织的发展产生积极影响，提高组织的活力，巩固其市场地位。具体来讲，第一，绩效干预能够提高运营效率。成功的干预措施往往能够识别和消除运营瓶颈，简化流程，提高效率，这反过来又加快了任务的完成。第二，绩效干预能够提高员工的能力和鼓舞员工的士气。通过员工培训和制订实施发展计划，组织可以提高员工的技能。这不仅能提高个人和团队的绩效，还能培养一种持续学习的文化。表彰计划和对员工福利的关注是绩效干预措施的组成部分，有助于鼓舞士气和提高工作满意度。满足感高和积极性高的员工更有可能投入更多自由支配的精力，从而提高整体生产率。第三，绩效干预能够优化组织的资源利用。实施绩效衡量标准和高效流程可使组织优化资源利用，这包括更好地分配人力、改进时间管理和合理使用技术，从而节约成本。第四，绩效改进能够增强用户体验。随着内部运营的改善，其积极影响往往会反映在用户体验上。简化的流程、更快的响应时间和尽职尽责的员工队伍有助于提高客户满意度，培养客户的忠诚度和品牌认知。第五，绩效干预能够增加组织的竞争优势和促进财务增长。主动采取绩效干预措施的组织可获得竞争优势，提升迅速适应市场、提供优质产品或服务以及有效应对市场变化的能力。同时，随着时间的推移，绩效干预措施的积极影响会转化为财务指标的增长。运营效率、员工生产力和客户满意度的提高往往与收入增加、营利能力提高和业务持续增长相关。第六，绩效干预是创新催化剂。实施绩效改进措施可在组织内部培养创新文化。员工掌握了新技能，并被鼓励进行创造性思考，从而成为创新理念的宝贵源泉，为组织的长期发展做出贡献。

五、保证绩效改进实施

对于企业来讲，绩效改进工作的有效性取决于这些措施的有效执行。保证绩效改进的相关战略，从组织文化与改进目标的结合到强大的实施框架的建立，都有助于将绩效改进策略从概念理想转变为切实的变革性行动。

（一）“N+1”学习模式

在“N+1”学习模式的框架中，“N”包含了构成干预方案的多种干预措施。干预表现为有目的、有计划地行动，旨在影响个人行为，总体目标是提高组织绩效。干预的特点是范围广泛，涵盖全公司范围内的举措或项目，例如文化转型、业务实体重组或引进新技术。相反，更紧凑的干预措施通常针对个人或较小的工作组，并涉及准入标准的改变、正式职业培训的实施以及在线帮助系统的集成。虽然这些干预措施表面上可能与培训脱节，但在“N+1”学习模式中“1”的内在意义变得显而易见，它是确保每项干预措施都能引起员工共鸣、促进员工变革的关键。

传统观点认为，培训有其局限性，只能解决因缺乏知识和技能而产生的问题，培训部门的权限仅限于组织与知识和技能相关的活动，不包括战略和业务核心相关的因素。然而，“N+1”模式认为培训不仅可以直接解决因知识和技能缺陷而产生的问题，还可以通过间接支持各种干预措施来应对更广泛的挑战。例如，当面临组织战略或文化转变时，培训部门可以精心策划大量的宣传活动，为所有员工提供培训，这确保了员工对组织当前战略或文化的全面理解。同样，在采用新技术或改进流程时，培训部门在制定相关教学文件和举办培训方面发挥着关键作用。这使员工能够熟练掌握新技术或流程，保证其成功实施。此外，对于因资源和支持不足而产生的绩效问题，培训部门发挥着更大的作用。当资源稀缺时，培训帮助员工优化现有条件，当引入新资源时，培训引导员工合理利用资源，从而提高整体绩效。

“N+1”学习模式要求培训部门突破仅仅根据需求确认和组织培训的角色。该模式的核心是采用整体组织视角，敦促培训部门积极与其他部门合作，在实施绩效改进干预措施时促进培训举措。这种方法确保了干预措施的有效实施，同时强调了培训在更广泛的组织框架内的关键作用和内在价值。

（二）“四位合一”干预实施模型

如果学习的目的是引起行为改变并提高绩效，那么下一步就是应用——将所获得的知识整合到实际场景中，并制度化。

国际绩效改进协会（ISPI）前主席朱迪·赫尔指出，确保应用的有效性需要采取全面的方法，包括构建组织、跟踪测量、获得关注、自我约束四个维度。整合这四个维度的多维策略本质上保证了应用程序的有效性。“四位合一”干预实施模型不仅提高了绩效，而且加强了学习和应用的有效性。

1. 构建组织

组织职能在发挥集体力量、优化资源配置、提高劳动生产率方面发挥着关键作用。组织的建立首先需要组建一个领导机构，例如实施项目组，其任务是指导组织的学习者了解现有的情况、目标和差距。此过程旨在阐明学习和应用这些要素的目的，确保学习者清楚自己未来的角色和责任。构建组织的必要性源于观察到一些组织在组织学习和培训的过程中，往往优先考虑课程或项目设计，而不是有效地组织实施过程。这种对评估课堂效果的忽视可能会影响组织内学习内容的稳定性和制度化。

例如，在启动培训项目（或绩效改进计划）之前，与总公司和分公司（培训实施地点）进行初步沟通。此次合作的目的是建立一个项目组，负责全面的组织协调、行政后勤管理和专业指导。项目组在促进相关领导和学员之间的沟通、确保自上而下全面了解相关项目信息方面发挥着关键作用。

2. 跟踪测量

监控和衡量涉及跟踪学员行为并向学员以及与他们合作的成员、领导者或客户传播关键指标数据。这种沟通对于鼓励自律和促进持续改进至关重要。研究强调，信息和数据是提高绩效的最容易获得的和最有效的内容。因此，实施阶段需要持续跟踪学员行为并测量相关信息和数据。持续的测量和跟踪对于确保新行为的强化至关重要。这些测量的结果为项目组和绩效改进顾问提供了重要的资料，有助于评估学习内容或判断干预措施是否与组织的预期目标相符。例如，在人才培养项目中，结合学员的事前、事中、事后评估，收集学员的学习应用数据，进行充分的数据分析和比较，及时反馈学员，并在后续阶段认真跟进学员的数据。这种持续的跟踪旨在评估培训的影响是否真正渗透到学员的职业生涯中。

3. 获得关注

为了获得关注，实施项目团队需要持续努力，让管理者始终了解并参与干预措施应用的进展和相关目标。无论组织环境如何，领导层的承诺都发挥着关键作用，特别是在培训和绩效改进项目中。领导层的变化或焦点的转移可能会影响对计划的最初承诺，导致产生负面反应甚至放弃计划，从而危害绩效改进工作的有效性。为了防止这种情况的发生，必须长期获得并维持关键个人或领导层的关注和支持。各种策略，例如战略性定时电子邮件、实施阶段的新闻稿、项目中期总结报告以及跟踪测量得出的数据，都可以有效吸引注意力。

4. 自我约束

自我约束包括自我控制和自律等要素。自我约束涉及项目组为学员创建工具和标准，这些工具和标准用于阐明目标、要求和监控过程，使学员能够评估新采取的行为的适当性。通过这样的框架，可以避免对行为的过度监控，从而防止学员将项目组或绩效改进顾问视为对手。这种方法增强了学员的主人翁意识，提高了学员对学习内容和新采取行为的接受度。许多策略可以帮助学员锻炼自律。在学习项目中，学员可以参与选择班委成员、制定班规或参加小组竞赛。同时，项目组可以提供自我评估记分卡、关键行为学习卡、问答自审表等工具，让学员通过多样化的工具进行自我监督和自我约束。

第三章
绩效改进评估

一、绩效改进评估的基本内容

绩效改进评估的目的是细致分析并提高组织内部的运营效率、财务健康状况、市场竞争力、客户满意度、员工参与度和战略一致性。这一过程包括对关键指标和质量的全面审查，旨在识别优势、指出需要改进的领域并制定战略，以推动企业实现持续增长和成功。

绩效改进评估有别于仅仅衡量员工、部门或组织整体绩效的管理评估，也不同于对组织开展的项目评估。相反，绩效改进评估侧重于衡量组织绩效改进的成果，检查所取得的绩效和绩效改进措施的实施情况。这些评估的核心是衡量组织在绩效提升方面取得的进展，考虑结果，也考虑过程。需要注意的是，评估并不是绩效改进的终点；相反，它贯穿于整个绩效改进过程。绩效改进评估体现在组织绩效提升的实践过程中，有助于组织不断调整干预方案以确保其有效性。此外，它还会在实施后继续存在，以确保改进计划的有效性，为后续的绩效提升工作提供重要参考。评估活动需要在不同的时间间隔进行，每项活动都要针对绩效提升过程中的具体评估目标。绩效改进评估必须与提高绩效的实践紧密结合，这包括确定绩效差距、深入研究这些差距背后的原因、制订和完善干预计划以及协调计划的实施。此外，对每个阶段的执行情况进行评估至关重要。

二、绩效改进评估对象

一旦确定了绩效改进评估的内容、流程和可实现的功能，评估人员就需要确定评估的对象。

1. 组织绩效与部门、员工的绩效

提高绩效的总体目标在于提高组织的整体效率，而绩效提升强调木桶原理，即使一个部门表现出色，而另一个部门落后，整个组织也不会达到最佳绩效。要想成功提高绩效，就必须收集与组织战略目标相关的各方面综合数据，包括与竞争对手相比的市场份额、利润率、客户满意度和忠诚度、品牌在社区内的接受度、资金运营和资源采购的发展情况，以及员工能力符合既定标准情况等。

部门和员工是组织绩效目标的主要执行者，往往需要将组织的关键绩效指标细分并落实到部门和员工个人层面。部门和员工个人的绩效指标完成情况从根本上决定了组织实现其绩效目标的能力。组织整体绩效的优化取决于每个部门和每个员工绩效的优化。因此，评估和改进部门或员工的绩效就成为提高组织整体绩效的重点。要做到这一点，绩效评估人员必须集中精力收集与部门或员工当前绩效有关的相关数据，包括部门的盈利能力和生产力增长、直接客户的忠诚度、合作伙伴的满意度、员工对必要知识和能力的掌握和应用、员工士气和积极性的提高、工作条件和资源可用性的改善、有利于提高生产力的组织文化的建设，以及快速应对外部环境变化的能力等。

部门和员工绩效的提高标志着组织绩效改进的进展。然而，组织绩效改进的成败最终取决于对组织整体绩效的全面评估。

2. 绩效改进项目

提高组织绩效是一个全面、耗时的过程，通常通过解决具体绩效差距的项目来实现。对企业绩效改进项目进行评估对于分析其阶段性成果至关重要，可为后续的决策提供重要见解。这一评估过程旨在从成功和不成功的项目成果中总结宝贵的经验教训，从而提高组织持续改进绩效的能力。

项目包括一系列错综复杂、相互关联的活动，这些活动都有明确的目标，在特定的时间框架、有限的预算和分配的资源内运作，同时要遵守既定的要求。评估绩效改进项目要对项目执行情况和各个实施阶段的成果进行评估。为进行有效评估，绩效改进评估人员必须在实施改进措施的过程中认真收集和记录相关信息，包括：

（1）核实绩效分析阶段的完成情况和合理性：分析计划是否全面，如果不全面，主要障碍是什么，如何解决，是否获得了足够的必要信息。

（2）检查所设计的干预计划：是否有效解决了已发现的问题；主要挑战是什么，如何解决。

（3）确定计划实施过程中的问题、原因、应对策略和经验教训。

（4）评估各阶段所做的调整以及总结的经验教训。

（5）评估各阶段与预期计划的一致性以及目标成果的实现情况，并深入了解偏离情况。

（6）探讨在整个项目期间为提高绩效而实施的组织、部门和员工变革。

特别是当组织绩效提升通过项目展开时，组织、部门或员工个人的绩效都可以被视为项目成果，因此属于项目评估的范畴。然而，与为了强调绩效改进结果和过程的独立评估还是有区别的，尽管在现实中，这两个领域经常重叠，没有严格的界限。

三、绩效改进评估过程

（一）早期阶段：确定可评估性

一方面，早期阶段需要确定主要的利益相关者能够参与合作。评估对象不同，涉及的绩效改进评估工作的性质和范围也各不相同。评估组织绩效包括评估整体、部门和员工个人的绩效。对改进措施的评估涉及对改进过程和阶段性成果的审查，因此涉及不同的利益相关者。例如，对基层员工绩效的评估不包括其下属，而对基层管理人员的评估往往包括其直接下属。此外，在评估绩效改进项目的执行情况时，重点在于评估绩效改进人员所做的实际工作，参与团队主要由高级管理人员和部分绩效改进人员组成。因此，绩效改进团队必须根据不同的评估目的和任务选择合适的参与者。评估的失败往往因为绩效改进团队与参与者之间沟通不足。从一开始就确保利益相关者的参与和合作，以期在后续评估阶段获得他们的支持和协助，这一点至关重要。与此同时，绩效改进团队应努力在早期就获得参与者的合作承诺。这种承诺能确保绩效改进团队在任何时候都能联系到他们，提供反馈，并确定评估的方法和原则。

另一方面，早期阶段还应确定评估的目的与目标。评估的目的是评估绩效改进项目的效果，为进一步的行动提供指导性建议。评估目标则是实现评估目的的基础。不同的评估目的导致不同的目标，而这些目标又决定了具体的评估对象，进而影响评估标准和方法的选择。因此，确定明确的评估目的和目标是整个评估过程的基石，这可以为随后的评估活动指明方向。

值得注意的是，绩效改进过程需要进行多次评估。在这一阶段收集的信息有助于评估人员评估当前评估的可行性。如果评估对象、主要参与者的参与情况、评估目标、时间、预算或客户组织的文化构成挑战，建议最好不要进行评估，或将评估范围限制在反映绩效改进人员内部的工作。相反，如果涉及人力和物力的准备工作进展顺利，就会为以后的评估奠定坚实的基础。

（二）中期阶段：设计与实施

一旦早期的分析阶段完成，项目的可评估性得到确认，绩效改进评估就进入了设计和实施阶段。这一阶段的中心工作是制订量身定制的评估计划并协调其执行。在这一阶段，绩效改进评估人员要思考一些关键问题：谁是评估对象？依据什么标准？用什么方法收集相关数据？如何解释和评估数据？评估的时间安排和组织形式是什么？需要哪些资源来促进评估的实施？

首先，在绩效改进评估过程中，评估人员需要对照早期阶段设定的最初目标和基准，分析所取得的进展，包括审查数据、评估成果、找出的差距或需要进一步关注的领域。同时，根据中期评估结果，向利益相关方提供反馈意见。如有必要，建议对战略进行调整，以确保与总体绩效改进目标一致。

其次，如果发现任何不足之处或遇到意想不到的障碍，评估人员需要完善评估计划。这可能涉及修改评估标准、调整数据收集方法或重新确定时间表。如有必要，中期评估可能会促使组织重新确定目标以确保这些目标在设定的时间框架内仍然是可实现的。

最后，评估人员还需要建立评估指标。

总之，绩效改进评估过程的中期阶段是衡量进展、提供反馈、进行必要调整以确保成功实现预期成果的关键阶段。

（三）结论阶段：分析与报告

一方面，评估人员需要对整个评估过程中收集到的所有数据，包括定量指标、定性反馈、观察结果和任何其他相关信息，使用适当的方法进行分析，并得出结论和趋势。评估人员需要在数据中寻找模式、趋势和相关性，确定成功的领域和需要改进的领域。同时，评估人员应该将分析后的数据转化为有意义的结论，并根据绩效改进评估设定的初始目标和目的对结果进行解释。

另一方面，在撰写报告的过程中，评估人员需要概述评估过程、使用的方法、收集的数据、进行的分析、发现、结论和建议。评估报告应确保所提供信息的清晰度、客观性和相关性，并根据评估结果提出可行的建议。同时，评估人员应注重与利益相关方分享评估报告，征求他们的意见。

（四）后续阶段：学习与制度化

报告撰写完成并与他人分享后，评估工作并没有结束。评估人员还要思考这样一个问题：评估之后下一步该做什么？在这个关键时刻，绩效改进评估人员必须与利益相关方进行充分的讨论：评估的影响有多大？有哪些成功和失败之处？评估报告揭示了什么？未来工作的必要条件是什么？评估带来了哪些经验教训？值得注意的是，参与评估不仅仅是为了获得结果，也是为了从评估过程中学习了解什么是有效的，什么是应该避免的陷阱。评估不容易提炼出一套原则，所以经验起着至关重要的作用。当评估被证明是成功的，并且组织了解成功背后的原因时，将这些有效的评估方法制度化就变得至关重要，这样做可以加强组织的评估能力，提高其改善整体绩效的能力。

（五）评估失误的可能原因

（1）晕轮效应：单一的正面 / 负面特质影响整体评估。例如，在某一领域表现出色的员工可能会得到全面的高分，而忽视其在其他领域的不足。

（2）宽严偏差：对每个人的评估过于正面或过于负面。宽松偏差是指对员工的评分一直高于其实际表现，而严格偏差则会导致评分一直较低。

（3）回忆效应：过分强调员工最近的工作表现，而不是考虑其在整个评估期间的表现。

（4）个人偏见：被先入为主的观念或过去的印象左右评估，选择性地看待员工的行为。

（5）中性倾向：不愿意给出极端的评估，导致评估集中在平均值附近。

（6）对比效应：将个人表现与他人而非预定标准进行比较。

（7）指标不匹配：使用的评估标准不能准确衡量绩效的预期方面。

认识到这些潜在的失误，有助于创建更公平、更准确的绩效评估。

四、绩效改进评估方法

（一）360 度反馈评估法

360 度反馈评估法是一种全面的绩效考核方法，它从个人工作的各种来源收集反馈。它不完全依赖上司的评估，而是结合了同事、下属甚至客户的意见。这种评估方法能更全面、多角度地反映个人的工作表现，如图 3-1 所示。

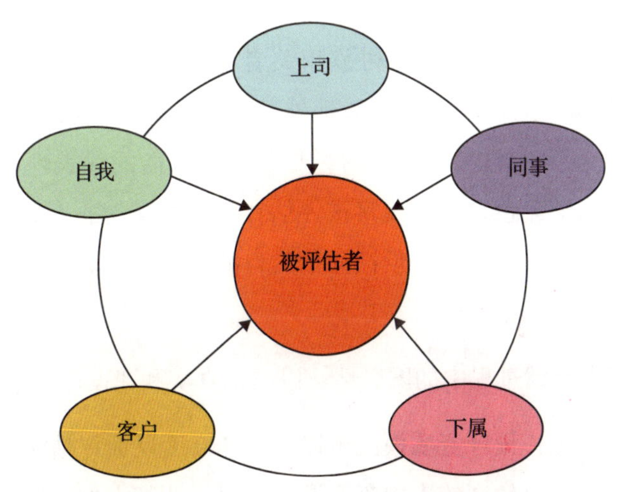

图 3-1 360 度反馈评估法

在这一过程中，参与者通常会收到来自不同方面的保密反馈，包括与他们密切合作的同事、团队成员、经理，有时还有外部利益相关者。反馈内容包括沟通技巧、团队合作、领导力以及与工作相关的具体能力等各个方面。360 度反馈评估法的原理是 GAPS 反馈模式，即每个人都希望了解自己在别人眼中的形象以及别人对自己的期望。其中：G 代表目标（Goal），即“你想做什么？”；A 代表能力（Ability），即“你能做什么？”；P 代表看法（Perception），即“他人是怎么看待你的？”；S 代表标准（Standard），即“他人对你的期望是怎样的？”。

360 度反馈评估法对于培养自我意识、发现盲点和促进整体职业发展非常有价值。它能更全面地了解个人的优势和需要改进的地方，有助于做出更细致、更有建设性的绩效评估。

360 度反馈评估法的基本步骤包括：

（1）明确目标：360 度反馈评估法的主要目的应是优先考虑员工发展和绩效提升，而不是行政目标。研究表明，当评估的目的不同时，评估者的判断和被评估者的反应也不同。以员工发展为重点的评估往往更加客观，更容易被评估者接受。相反，由行政目标（如晋升和工资决定）驱动的评估可能会受到个人利益的影响，从而损害客观性。这可能导致结果不可靠，并在员工中造成怀疑，引起公司内部的人际关系紧张。为了减少这些问题，评估人员必须以透明的方式进行沟通，明确评估的目的。如果员工之间的相互信任度较低，建议在实施 360 度反馈评估法之前谨慎行事。

（2）选择参与者：首先，确定利益相关者。选择与被评估者有密切互动的个人，包括同事、下属、上司，有时也包括外部合作伙伴。同时，应注重保持平衡的重要性。确保来自组织内部不同层级的参与者具有均衡的代表性，以提供全面的视角。其次，根据个人的角色，直接观察被评估者和与之互动的人员，有针对性地选择参与者。最后，向参与者明确传达反馈评估的目的，取得他们对评估过程的理解和合作。

匿名反馈：确保反馈过程中的匿名性，以鼓励真实和建设性的意见。

（3）设计资质模型：设计资质模型可以辅助 360 度反馈评估法。设计资质模型要求绩效改进评估人员具有较高的人力资源素质和对行业特点的宏观把握。设计资质模型涉及确定标准，评估特定角色、任务或情况的资质或适合性。第一，明确资质模型的目标，第二，确定关键标准。确定岗位所需的基本技能、知识、经验和属性。例如，软件开发人员这个岗位的标准可能包括编程语言、解决问题的技能、团队合作等。第三，确定每项标准的评估方式。这可能涉及测试、面试、模拟或背景调查。有些标准可能比其他标准更重要，因此需要分配权重，将基本资质优先于理想资质。第四，制定一个评分系统，根据定义的标准客观地衡量资历。同时，还应注重测试和完善，试用资质模型并收集反馈。根据结果进行调整，以提高资质模型的准确性和有效性。一些资质模型案例见表 3-1。

表 3-1　　资质模型案例

招聘营销经理	标准：战略思维、领导力、项目管理
	衡量标准：评估战略规划的面试问题、成功项目案例研究、推荐信
大学招生	标准：学习成绩、社会活动、个人陈述
	衡量标准：平均学分绩点、标准化考试成绩、论文、推荐信
项目团队选拔	标准：技术能力、沟通能力、适应能力
	衡量标准：技能评估测试、团队情景演练、同行评价

（4）设计调查问卷：第一，制定一份结构合理的调查问卷，其中包含与所确定的能力相关的具体问题。混合使用定量评分表（如 1~5 分）和定性开放式问题，以获得更详细的见解。同时，根据个人的角色和职责定制调查问卷，以确保相关性。调查问题应包括绩效的行为和技术方面。第二，调查问卷应注重匿名性和保密性。采用安全的匿名调查问卷分发系统，以鼓励诚实的反馈。强调保密性以增加参与者的信心。第三，就如何填写调查问卷提供清晰的说明。利用在线调查工具或软件进行有效的分发和数据收集。确保与各种设备的兼容性以及参与者的可访问性。以上工作完成后，向选定的参与者分发调查问卷，要求他们根据所选能力对个人进行评分。第四，提供后续支持，为参与者在完成调查过程中可能遇到的任何技术问题或疑问提供帮助和支持。

（5）收集反馈：收集答复并汇编从各种来源收到的反馈。生成一份综合报告，包括反馈意见，突出优点、需要改进的地方等。推进个人与其主管之间的讨论，以解释和讨论反馈意见，之后根据反馈共同制定目标，以指导专业发展。

（6）制订行动计划：根据反馈结果，分析差异产生的原因，并从管理角度找出根源。制订行动计划，列出具体步骤和策略，帮助个人提高技能，解决已确定的、需要改进的方面。为保证有效地改进被评估者的行为和能力，还应该引入管理人员能力的辅导项目，即通过密切的、有针对性的辅导与跟踪，提升被评估者的能力，切实帮助其改进绩效。同时，定期重新审视反馈意见，评估进展情况，并根据需要调整目标和行动计划。

（二）目标管理法

目标管理法是一种以目标为导向的管理方法，管理者和员工共同制定具体、可衡量、可实现、现实和有时限的目标。它包括定义清晰的目标、确定关键成果，以及定期审查实现这些目标的进展情况。目标管理通常包括设定目标、制订行动计划、监督进展和评估结果，从而在组织内部培养一种协调和责任意识。美国管理大师彼得·德鲁克于 1954 年在其著作《管理的实践》中最先提出了“目标管理”的概念，其后他又提出“目标管理和自我控制”的主张。德鲁克认为，并不是有了工作才有目标，而是相反，有了目标才能确定每个人的工作。企业的使命和任务，必须转化为目标，如果一个领域没有目标，这个领域的工作必然被忽视。因此管理者应该通过目标对下级进行管理，当组织最高层管理者确定了组织目标后，必须对其进行有效分解，转变成各个部门以及每个人的分目标，管理者根据分目标的完成情况对下级进行考核、评估和奖惩。

总体来讲，目标管理法注重结果，鼓励员工参与，旨在通过每个人都为实现共同目标而努力，从而提高组织绩效。目标管理中的 PDS 循环代表计划、执行和检查。

（1）计划（Plan）：这一阶段包括制定具体、可衡量、可实现、现实、有时限的目标，概述战略以及确定实现这些目标所需的资源。

（2）执行（Do）：计划之后，下一步就是执行计划。这一阶段涉及实施计划阶段概述的战略和行动。个人或团队通过将计划付诸行动，努力实现既定目标。

（3）检查（See）：在这个最后阶段，要对实现既定目标的进展情况进行评估，之后，将评估结果与既定目标进行比较，并分析所实施战略的有效性。在此基础上，可以对未来的目标设定周期进行调整和改进。

PDS 循环是迭代式的，这意味着在检查阶段后，可以利用所获得的见解来完善后续目标的计划，从而在组织内部创建一个持续改进的过程。从组织成长周期的角度来说，目标管理法比较适合应用在组织的成长期。在成长期，组织规模开始迅速扩张，公司的经营目标逐渐明确，逐渐形成清晰的战略，组织需要自上而下协同努力，共同实现战略。这时通过绩效管理，统一各部门的目标，提高各部门的效率就显得非常重要。目标管理法特别强调目标的达成情况。从行业和岗位的角度来说，目标管理法比较适用于强调工作成绩、重视工作结果的行业或岗位。具体来说，目标管理法比较适合销售贸易类、零售批发类、外贸进出口类等类别的行业，比较适合产品销售类、市场开发类、业务拓展类等类别的岗位。目标管理法并不强调公司对员工的“控制”，而强调员工为了达成本岗位的目标，应该做好自我管理。在实施目标管理法时，岗位管理者应尝试激发员工的积极主动性，让员工具备完成目标的内生动力。目标对团队的影响见图 3–2。

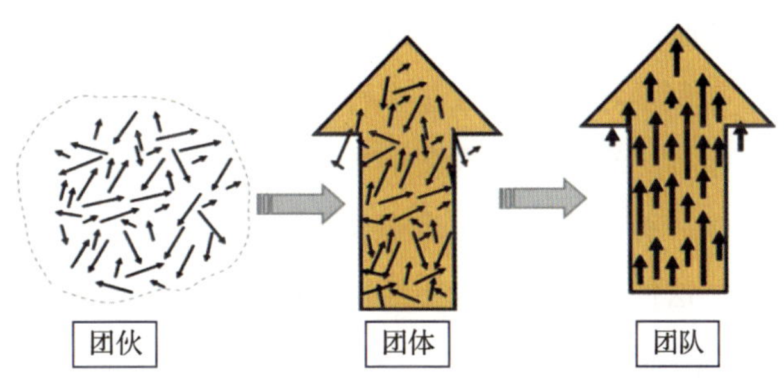

图 3–2　目标对团队的影响

（三）柯氏四级评估模型

柯式四级评估模型是由唐纳德·L. 柯克帕特里克教授于 1959 年提出的，是应用比较广泛的培训评估工具。柯克帕特里克根据评估的深度和难度将培训效果分为四个递进的层次，分别是：反应评估、学习评估、行为评估和成果评估。

（1）反应评估：这一层次的评估主要是衡量学员对培训的直接想法和感受。其目的是全面了解学员对培训项目各个方面的看法，包括教员的素质、培训材料的充分性、设施的适用性、方法的有效性、内容的相关性以及个人成长的程度。学员所表达的看法对决定是否完善或是否继续培训计划起着至关重要的作用。

在这一评估阶段，通常会先开展一项广泛的调查，征求学员的总体意见，提出的问题包括：你对这一培训项目的感觉如何？你会向你的朋友推荐这一课程吗？然而，这种方法有其缺陷，容易出现过于简单化、主观和缺乏客观概括的问题。因此，必须对培训的具体内容进行更深入地评估，包括仔细检查培训内容、评估培训人员、评估培训方法的有效性、评估培训材料的质量、检查设备和场地是否充足、仔细检查报名程序的效率等要素。

反应层面的评估主要是通过培训后的问卷调查收集学员的反馈意见。这种方法简单易行，是目前广泛采用的基本评估方法。然而，其局限性也是显而易见的。例如，由于对某位培训师的好感而夸大所有课程的评分，或由于对某一方面的不满意而否定所有课程。为减少这些问题，可以考虑采取以下几种解决办法：明确评估目的并寻求合作；鼓励个人提出意见和建议；将反馈意见与历史数据或外部培训机构数据进行比较；综合使用问卷调查、面对面访谈和讨论等方法；确保及时填写反馈表，特别是在同时开展不同主题的课程时。

（2）学习评估：学习评估主要是评估学员在培训期间对知识和技能的掌握程度。例如，衡量他们在掌握原理、过程、技术和技能方面的熟练程度。学习评估是最普遍、最常用的评估形式。衡量学习效果的方法多种多样，如书面评估、技能练习和工作模拟。通过这些方法，培训组织者可以衡量学员培训后知识和技能的提高情况。这种评估可能给培训学员产生一种压力感，作为一种激励因素，鼓励他们养成更加专注和认真的学习习惯。同时，这种评估过程也会给培训者带来一定程度的心理压力，促使他们在准备和讲授课程时增强责任感，提高专注度。

对于不同的培训，也需要采用相应的评估方法。对于以知识为中心的培训，采用考试可能是有益的，而在以演讲、讲座、讨论或角色扮演作为评估对象的情况下，则需事先制定并向学员传达明确的指导方针、时间安排和评估标准。

（3）行为评估：行为评估主要是评估学员是否能够在工作场所应用所学的知识和技能。这种评估通常在培训后进行，由受训者的上级、同事、下属或客户观察其行为变化。他们的评估重点是辨别培训前后受训者的行为变化，评估新学到的知识和技能在工作环境中的应用，通常还包括受训者的自我评估。评估的主要内容包括确定受训者现在是否能够完成以前超出其能力范围的任务，他们在工作角色中表现新行为的能力，以及在他们工作职责范围内可观察到的熟练程度的提高。

培训的目的是促使学员的行为发生变化，对学员行为进行的评估可直接反映课程的效果。这种直接反映能够使高层领导和直接主管及时见证培训的效果，从而有可能获得更多的支持。但是，这对人力资源部门的时间和精力提出了很高的要求。这一评估阶段在很大程度上依赖于问卷调查和观察方法，增加了相关人员的工作量，还可能遇到与学员参与和合作有关的挑战。此外，将影响员工工作表现的各种因素区分开，也是一项巨大的挑战。由于这些挑战的复杂性，许多组织通常只能达到第二级的评估。

为解决这些问题，想提高绩效的组织可以考虑以下解决方案：首先，精心选择符合组织需求并证明有益的培训课程，重点关注企业行为和时间管理等领域。其次，斟酌培训后的最佳评估时机，平衡培训间隔时间，确保学员掌握了足够的技能，且培训有持久的效果。间隔时间过短可能会妨碍技能掌握情况的评估，而间隔时间过长则可能会因其他影响因素掩盖培训的效果。再次，获得管理层的支持。可以通过强调培训如何积极促进工作绩效的提高来获得他们的支持。就评估的目的和方法与其进行充分沟通，在培训期间和之后争取支持，强调他们参与的必要性。最后，由于行为评估的复杂性，利用咨询机构的专业知识变得尤为重要。人力资源部门应通过项目外包充分利用咨询公司的知识和人力。这种方法可以最大限度地发挥外部专业化支持的优势，处理复杂的行为水平评估。

（4）成果评估：衡量培训产生的最终结果或成果，如绩效的提高或组织效益的改善。成果评估的关键要素包括产值、事故率、生产率、员工流失率、缺陷率、员工士气和客户满意度等各种指标。一个组织及其高层管理人员投资培训的首要目标就是提高直接反映组织绩效的指标。如果能提供有力和令人信服的数据，验证培训在改善这些关键绩效指标方面的功效，不仅能让高层管理人员放心投资，还能促进培训课程计划的优化。这种方法使组织能够有效利用其有限的培训预算，产生实实在在的经济效益。

当然，成果评估也会面临一些挑战。首先，它需要时间，因此很难迅速得到结果。其次，成果评估仍具有一定的实验性，缺乏成熟的技术和经验。再次，要想使成果评估获得有价值的数据，获得管理层的合作至关重要。最后，仅仅比较数字是没有意义的，关键是要找出成果与培训课程之间的联系，并评估这种关系。另外，还可以对未参加培训课程的参照组（其他变量相同）进行控制评估，从而更全面地了解培训对结果的影响。

综上，每个评估都建立在前一个评估的基础上，从而可以对培训计划的效果和影响进行全面评估。柯式四级评估模型通过评估培训计划对不同评估的影响来帮助评估公司业绩。在员工技能和知识方面，柯氏四级评估模型可以衡量员工从培训中学到了多少知识，这直接影响到他们为公司做出有效贡献的能力。在工作场所行为方面，柯氏四级评估模型可以评估员工所学技能是否在实际工作环境中得到应用，这将直接影响员工绩效的提高。在组织成果方面，柯氏四级评估模型通过评估培训产生的最终结果，如提高生产率、减少失误或增强客户满意度，将这些变化与公司的整体绩效联系起来。

通过分析这些层面，该模型为企业提供了一种结构化的方法，用于评估培训项目对其整体绩效的直接影响。表 3–2 更详细地介绍了柯氏四级评估模型的具体内容与使用范围。

表 3-2　　柯氏四级评估模型的具体内容与使用范围

评估层次	评估方法	评估时间	参与人员	优缺点	使用范围
反应评估	观察法； 访谈法； 问卷调查法； 电话调查法； 综合座谈法	培训结束时	学员	优点：简单易行； 缺点：主观性强，容易以偏概全，即很容易因为学员的个人喜好而影响评估结果	所有培训
学习评估	学员演讲； 提问法； 笔试法； 口试法； 角色扮演； 写作心得报告	培训进行时、培训结束时	学员	优点：给学员和讲师一定压力，使之更好地学习和完成培训； 缺点：依赖于测试方法的可信度和针对性	知识类培训
行为评估	问卷调查； 行为观察； 绩效评估； 任务项目法； 360 度评估； 管理能力评鉴	培训结束三个月或半年后	学员； 学员上级； 学员下级； 学员同级	优点：可直接反映培训的效果，使企业管理层和主管看到培训效果后更支持培训； 缺点：实施有难度，要花费很多时间和精力，难以剔除不相干因素干扰	技能类培训； 领导力培训
成果评估	客户市场调查； 成本效益分析； 360 度满意度调查； 个人与组织绩效指标	培训结束半年或一两年后	学员； 学员上级； 其他	优点：量化翔实、令人信服的数据不仅可以消除企业管理层对培训投资的疑虑，而且可以指导培训课程计划，把培训费用用到最能为企业创造经济效益的课程中； 缺点：耗时长，经验少，目前评估技术不完善，简单的数字对比意义不大，必须分辨哪些结果是与培训有关且有多大关联	以业绩结果为导向的大型培训项目

（四）图尺度评估法

图尺度评估法，又称图解式考评法，是评估工作绩效的方法之一。图尺度评估法概述了组织期望的各种绩效要素，从质量、数量到个人属性，并附有从不满意到优秀的绩效评级范围。在工作绩效评估过程中，每名员工都会得到与其在每个特定要素上的绩效水平相对应的分数。对这些分数进行汇总，就可以得出每个人的综合绩效评估。然而，许多组织会深入研究一般工作绩效因素。他们通常会将这些工作职责分解为评估标准，创建更详细、更有针对性的工作绩效评估表，用来测评某一具体岗位人员的表现。指标的维度来源于被测评对象所在岗位的岗位说明书，从中选取与该岗位最为密切相关的关键职能领域，再总结分析出关键绩效指标，然后为各指标标明重要程度，即权重。

首先，要在图表中列出一系列绩效评估内容，每个内容都有多个评估标准。其次，主管会为每个要素确定最能准确反映下属员工实际绩效状况的评级。最后，根据这些选定的评级分配分数，得出每位员工的量化绩效评估结果。这种方法并不完善，它只提供了考核结果，却没有解决潜在的问题或提供具体反馈，因为量表的分数往往主观且不明确，从而降低了评估的准确性。

五、绩效改进评估的管理和推广功能

绩效改进评估具有双重功能：一是管理功能，包括促进和规范绩效改进工作；二是推广功能，侧重于普及和宣传绩效改进领域。绩效改进评估需对不同阶段的经验和教训进行分析，以评估组织绩效改进的效果和价值。

（一）管理功能

绩效改进评估的管理功能延伸到监督、管理和激励绩效改进的全流程工作。它强调绩效改进评估所产生的数据是提出绩效改进措施的基础。

绩效改进评估所产生的数据包括基于过程的信息，绩效分析工作流程的规范性，干预方案的设计、开发和实施，以及解决相关问题的有效性。此外，还要考虑基于结果的衡量标准，如绩效分析和干预计划的科学性和全面性。绩效评估所产生的数据加强了绩效改进工作人员有效管理项目的能力。一方面，绩效改进工作人员通过仔细研究与改进过程相关的评估数据，可以调节改进评估工作的节奏，分析面临的挑战，总结相关经验。这有利于更有效地监督绩效改进过程，协调相关各方，更合理地推进组织绩效改进实践。另一方面，绩效改进工作人员通过对取得的阶段性成果进行评估得出结论，有助于提高绩效改进工作人员和参与员工的积极性和主动性。广大员工的参与是绩效改进措施取得成功的关键。从以往的研究中可以看出，无论是在数据收集方面，还是在干预计划的设计和开发阶段的征求意见和收集用户需求方面，抑或在这些计划的采纳和实施方面，一个组织的绩效改进工作都必须有坚实而广泛的基础。为了调动员工参与的积极性，定期和不定期的评估和宣传所取得的成就至关重要。这能让员工直观地了解自己的努力成果和取得的效益，激发他们坚持努力工作的动力，同时明确下一步工作的方向。

（二）推广功能

绩效改进评估的推广功能涉及绩效改进评估的实施及其结果如何积极促进绩效改进领域的发展，这就确保了绩效改进评估的科学方法与组织实践的结合。

一方面，评估是一种价值判断，是对过去工作的认可或批评。由于绩效改进遵循科学的原则和方法，纳入评估不仅强调了其操作流程的科学性，也体现了一种负责任的态度。因此，这种认真负责的做法赢得了组织员工的认可。

另一方面，绩效改进评估过程不仅仅是对现有工作的总结，它还起到了证明工作成效的作用。通过评估绩效改进实践的成果和组织变革，员工可以更清楚地了解绩效改进给组织、部门和个人带来的好处和价值。这加深了员工对绩效改进原则和方法的认同，肯定了组织通过这种方法解决问题。因此，绩效改进的思维方式在集体意识中根深蒂固，逐渐成为组织、部门和员工应对绩效挑战的一种有意识的做法。相反，这种有意识的参与又会通过不断提高组织绩效，推动绩效改进领域的持续发展。

第四章

教练技术的实践

一、了解教练技术

“教练”这一概念最早起源于体育界。教练帮助选手消除技术和心理问题，帮助选手运用自身的优势来提高专业技能，从而激发选手的潜能，创造奇迹。自 20 世纪 90 年代末以来，在组织中使用教练技术已经成为主流，教练技术已成为高管培训的主要方式。

（一）教练技术的基本概念

在一些组织中，教练技术的应用已经成为管理培训和组织发展的常态，本书整理了部分学者对教练和教练技术的观点。

杨静将教练技术作为一种管理培训的工具，使受训者能够提高处理工作问题的技能。通过在工作环境中接受培训，受训者获得了运用教练技术的能力，从而改变自己的行为，提高组织绩效。

王琳提倡将教练技术作为一种有针对性的方法，旨在帮助个体丰富知识和培养技能，并提升心理健康水平，以充分发挥他们的能力，提高他们的整体效率。这种方法在各个领域都具有重要价值，是一种有效的管理工具，能够使各个专业领域的个人释放潜能，不断进步。该方法强调个性化发展和成长，旨在最大限度地发挥个体在工作和生活等方面的潜能。

文瑞认为教练技术涉及一种有序的战略方法。它深入研究受训者的各类心理问题，挖掘其内部潜力，同时探索外部可能性。这有助于明确目标和实现最佳结果，使受训者能够有效地追求自己的预期目标。

综上所述，教练的目的是帮助他人取得成功，教练技术的核心是学习和改变。

（二）教练的形式

教练有两种不同的形式。

教练可以选择一对一地对个人进行辅导，这种形式被称为一对一教练或者高管教练。在一对一教练辅导中，教练专注于一个客户，关注该客户的独特需求、目标。教练需要与客户共同制定具体的目标。这些目标通常与个人成长、职业发展或技能提高有关。教练课程通常定期举行，如每周一次或每两周一次，这些课程可以当面进行，也可以通过电话、视频或其他方式进行。教练与客户共同解决具体问题或挑战，为客户制定策略和解决方案。值得注意的是，一对一教练辅导是保密的，客户可以提出他们的顾虑、愿望和面临的任何问题。教练会在整个辅导过程中为客户提供反馈、指导和支持，并使用各种技巧和练习来帮助客户取得进步。不仅如此，一对一教练存在问责制，教练通常会要求客户对实现目标的行动负责。这种责任感可以帮助客户保持前进的方向和动力。在一对一教练辅导过程中，教练需要不断评估进展情况，并根据需要调整辅导方法，以更好地支持客户的发展。根据客户的需求和目标，一对一辅导的持续时间会有很大差异。有些客户可能会与教练合作几个月，而有些客户则可能会持续一年或更长时间。总体来讲，一对一教练辅导是一种深入且个性化的方法，个人可以通过这种方法获得指导和支持，以实现个人的目标。

教练也可以对规模较大的群体开展培训，这种方式是一对多的教练，也被定义为团队教练。

工作场所的团队教练辅导是一种基于教育学、体验式学习和变革学习理论的方法。团队教练辅导具体表现为对团队的直接干预，旨在帮助团队成员在完成团队工作的过程中协调并恰当地使用集体资源。团队教练辅导还涉及处理团队动态、团队文化和团队内部的人际关系，教练帮助团队成员了解并解决冲突、信任和凝聚力等问题。团队教练辅导旨在取得具体的可衡量成果，如提高生产率、改善决策、加强团队合作等。

团队教练的主要关注点是团队整体，而不是单个成员。教练与团队合作，可提高协作、沟通和整体绩效。教练经常会观察团队成员之间的互动，就团队如何运作提供实时反馈，这种反馈可用于促进组织的绩效改进。团队教练辅导可能涉及团队内部特定技能的培养，如领导力、决策力、解决问题和有效沟通的能力。团队教练辅导课程通常在团队例会期间进行。教练可能会引导讨论、练习或活动，以激发团队活力，提高团队成员解决问题的能力。与一对一教练辅导一样，团队教练辅导也是根据团队的独特需求量身定制的。教练会调整自己的方法，以应对团队面临的具体挑战和机遇。同时，团队教练辅导可以是一个持续的过程，在一个较长的时期内进行，以支持团队的不断成长和发展。总体来讲，团队教练辅导是一个协作和结构化的过程，旨在提高团队成员的工作绩效和凝聚力。对于希望优化团队绩效并取得更好成果的组织而言，团队教练辅导尤其重要。

（三）教练技术与绩效改进的关系

教练技术有助于促进绩效改进。教练通过营造环境、建立关系以促进组织成员和管理者的技能发展和绩效提升。教练技术为个人或者团队创造了一个结构化的、量身定制的环境，以发现和提高他们的技能。教练会为个人或团队提供其可能无法得出的有价值的反馈和见解。教练充当解决问题的伙伴，帮助团队或个人克服障碍，他们的支持和鼓励会增强团队和个人的动力和信心。通过高度个性化的方法，教练可以满足个人或团队的需求，使教练技术具有针对性和有效性。同时，教练还能解决压力管理问题和提供沟通技巧，这两个是提高绩效的关键要素。总之，教练技术为组织提供了一个全面的战略框架，帮助组织充分发挥潜能，实现持久的绩效提升。

二、教练流程

在员工培训方面，如果员工没做分内工作时，教练主要遵循的流程为中性反馈、继续中性反馈、教练分析以及教练面谈，这是一个从简单到复杂的干预过程。

第一步：中性反馈。把糟糕绩效告诉员工并要求其加以纠正，跟进检查是否有了改善，如有改善便加以强化。

第二步：继续中性反馈。如果绩效没有改善，则把糟糕绩效告知员工；询问出现糟糕绩效的原因所在；询问采取哪些具体行为可以改变这种现状；如有需要，向员工提供帮助。跟进检查员工绩效是否有了改善，如有改善便进一步加以强化。

第三步：辅导分析。如果绩效仍然没有改善，则运用辅导分析以便理解绩效为何不尽如人意，如果发现导致糟糕绩效出现的因素，则采取措施加以消除。

第四步：教练面谈。如果糟糕绩效是由员工主观意愿造成的，则使用教练面谈法让员工改变其主观意愿。

在项目开发方面，教练需要遵循的流程为：辩证看待能力培育和项目管理的关系、权衡成员个体能力与团队整体能力的培育、区别对待显性能力与隐性能力的培育开发。

首先，教练需要辩证看待能力培育和项目管理的关系。管理与培训是项目运营的两大核心。二者相辅相成，共同构成项目运营。项目自身具备的效率与质量诉求的直接性特点，决定了管理在项目运营中有着不容忽视、不可替代的地位和作用。项目团队成员的临时性、多元性和专业化特点，注定了项目管理中需要充分关注团队成员的主动性、积极性和创造性，需要充分尊重团队成员的自主性，给予其足够的动机支持和能力信任，创造并提供有效激发其心智能力发挥的氛围与平台。在高效管理的同时，注重激发并培育团队成员的协作意识、行动意愿、动机水平与专业才能。在此背景下，教练技术作为一项有效的培训工具，契合项目管理的内在诉求，可以对项目管理发挥良好的润滑与催化作用，既能对管理作出有益补充，又能左右项目管理的成效，成为项目管理不可缺少的组成部分。项目情境下的教练技术既可作为能力提升与培育的有效手段，又可作为项目管理的可靠举措，在能力培育与成果管理方面均具有独特的优势表现。

其次，教练需要权衡成员个体能力与团队整体能力的培育。项目情境下，教练技术遵循的是项目结果导向的人本理念。以项目最终交付的结果为导向，促进并提升项目团队整体能力的激发与培育，这是教练技术的核心。项目情境下的教练技术，遵循“理性专业者”的基本假设，充分认可团队成员在其专业领域的专业所长，认为团队成员有意愿也有能力以“理性成年人”的思维和心智进行项目过程的决策与行为。沟通、分享便成为“理性专业者”假设下成员个体能力培育的主要路径和方法。对团队整体能力而言，本质上讲是对“1+1 > 2”的协作效应的追求。承担教练职责的项目负责人和项目团队领导，需要明晰个体能力与团队整体能力培育的内在关系，正确区分二者在项目结果上所发挥的作用与影响，区分两种能力培育的轻重缓急和优先次序，并依据能力培育的内在要求和习得规律，制定不同举措，科学分配资源投入，确保团队整体能力的有效提升。

最后，教练需要区别对待显性能力与隐性能力的培育开发。显性能力指的是项目成员在专业技术领域内具备的能力，大多可以借助能力实施的结果，以设计方案、工具开发、实物成果等载体加以呈现。在项目管理实践中，项目负责人及团队领导需要对团队成员的专业领域和专业能力予以充分尊重，为其相对显性的专业能力的施展创建更多机会与平台，进而在项目的各个阶段，依据团队成员专业能力的成果表现作出适时激励。隐性能力指的是项目过程中的协作沟通、心智引导、信念与意愿的强化等能力，具体成效往往难以通过物质载体或量化方法加以呈现，在能力实施与结果验证方面，往往难以通过直观的方式予以展示。值得注意的是，隐性能力培育，需要在分析其内在特点的基础上，遵循隐性能力习得的基本规律。深度访谈、高效沟通、会议研讨、心得分享等是教练技术常用的工具和方法，有助于促进团队隐性能力的培育。侧重隐性能力的培育开发，可更好地为显性能力的应用和评价创造条件。

三、教练模式

在个人和职业发展领域，教练技术作为一种催化变革性增长的机制，其作用十分突出。本部分内容将详细介绍教练模式中的 GROW 模型和 PDCA 循环，旨在剖析和论述教练方法中的多层面因素，阐明其在不同领域中对提高个人和组织绩效的深远影响。

（一）GROW 模型

GROW 模型是教练技术的结构化框架，通过系统化的过程指导教练和个人有效地实现目标，具体内容如图 4-1 所示。

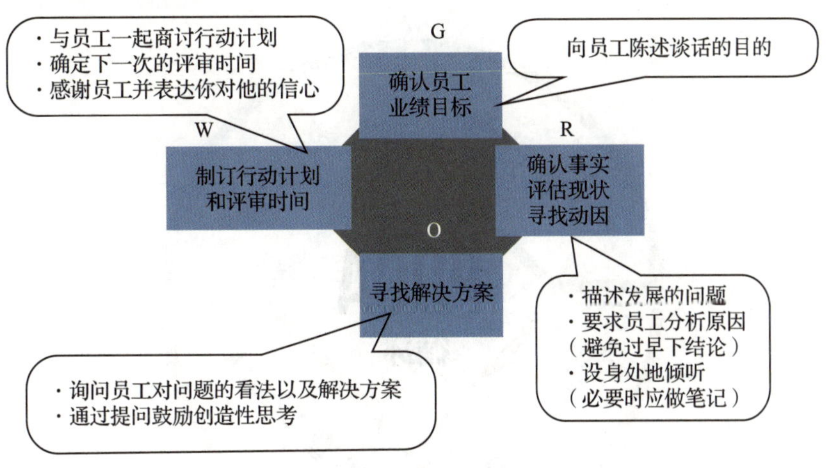

图 4-1　GROW 模型具体内容

设定目标（Goal）：GROW 模型首先要制定明确而具体的目标。这一步骤可确保目标明确、可实现，并与被辅导者的愿望或组织目标保持一致。教练通过一系列启发式的问题帮助被辅导者找到自己真正期望的目标。

现实检查（Reality）：现实检查是对当前情况或现实的检查。这一阶段有助于个人或团队了解其在目标方面所处的位置，找出障碍、优势、劣势和可用资源。描述发现的问题，要求员工分析原因，避免盲目下结论，设身处地地倾听。

选项探索（Option）：了解当前现实后，该模式鼓励集思广益，探索各种战略或方法，以缩小当前状态与预期目标之间的差距。这一阶段可以培养员工的创造力和创新思维。最重要的是要询问员工对问题的看法以及解决方案；通过提问，鼓励员工的创造性思考。

前进之路（Way Forward）：最后一步是制订具体的行动计划。与员工一起商讨行动计划，确定下一次评审的时间，感谢员工并表达对他的信心。前进之路概述了实现既定目标所需的具体步骤、时间表、责任和资源，强调承诺，需勾勒出实现预期成果的清晰路径。

（二）PDCA 循环

PDCA 循环是美国质量管理专家沃特·阿曼德·休哈特首先提出的，由戴明采纳、宣传，获得普及，所以又称戴明环。它是一种解决问题和持续改进的方法，被广泛应用于教练技术中。PDCA 循环的环节如图 4-2 所示。

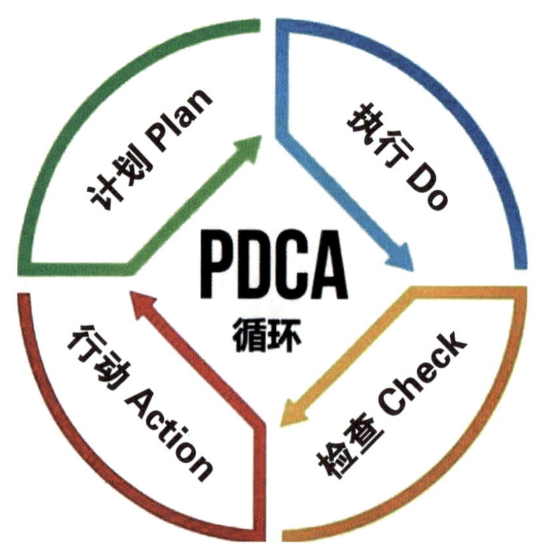

图 4-2 PDCA 循环

计划（Plan）：在这一阶段，教练和个人或团队要确定目标、定义目标并计划实现目标所需的步骤。这包括设定目标和确定有效实现这些目标所需的行动，主要包括以下内容：

（1）选择课题、分析现状、找出问题。强调的是对现状的把握和发现问题的意识、能力，发现问题是解决问题的第一步，是分析问题的条件。课题是切入点，课题的选择很重要，如果不进行市场调研，论证课题的可行性，就可能导致决策上的失误，有可能在投入大量人力、物力后造成设计开发的失败。比如：一个企业如果对市场发展动态信息缺少灵敏性，可能花大力气开发的新产品在另一个企业已经是普通产品，就会造成人力、物力、财力的浪费。选择一个合理的项目课题可以降低研发的失败率，减少新产品投资的风险。选择课题时可以使用调查表、排列图、水平对比等方法，使头脑风暴能够结构化呈现较直观的信息，从而做出合理决策。

（2）定目标，分析产生问题的原因。找准问题后分析产生问题的原因至关重要，运用头脑风暴法等多种集思广益的科学方法，把导致问题产生的所有原因找出来。明确了研究活动的主题后，需要设定一个活动目标，也就是规定活动所要做到的内容和达到的标准。目标可以是定性化和定量化的，能够用数量来表示的指标要尽可能定量化，不能用数量来表示的指标也要明确。目标是用来衡量实验效果的指标，所以设定应该有依据，要通过充分的现状调查和比较来获得。制定目标时可以使用关联图、因果图来系统化的揭示各种可能之间的联系，同时使用甘特图来制定计划时间表，从而可以确定研究进度并进行有效的控制。

（3）找出各种方案并确定最佳方案，区分主因和次因。创新并非单纯指发明创造新产品，还可以包括产品革新、产品改进和产品仿制等。其过程就是设立假说，然后去验证假说，目的是从影响产品特性的一些因素中找出好的原料搭配、好的工艺参数搭配和工艺路线。然而现实中不可能把所有想到的实验方案都实施，所以提出各种方案后优选出最佳方案是较有效率的方法。筛选出所需要的最佳方案，统计质量工具能够发挥较好的作用，正交试验设计法、矩阵图都是效率高、效果好的工具方法。

（4）制定对策、制订计划。有了好的方案，其中的细节也不能忽视，需要将方案步骤具体化，逐一制定对策，明确回答出方案中的“5W1H”，即：为什么制定该措施（Why）、达到什么目标（What）、在何处执行（Where）、由谁负责完成（Who）、什么时间完成（When）、如何完成（How）。使用过程决策程序图或流程图，方案的具体实施步骤将会得到分解。

执行（Do）：在执行阶段，个人或团队执行计划中列出的行动，将战略付诸实践。按照预定的计划、标准，根据已知的内外部信息，设计出具体的行动方法、方案，进行布局。再根据行动方案和布局，进行具体操作，努力实现预期目标。

对策制定完成后就进入了实验、验证阶段，也就是执行的阶段。在这一阶段除了按计划和方案实施外，还必须要对过程进行测量，确保工作能够按计划进度实施。同时建立起数据采集，收集过程中的原始记录和数据。

检查（Check）：行动实施后，必须对照既定目标对结果进行评估和监控。企业需要对效果进行检查。方案是否有效、目标是否完成，需要进行效果检查后才能得出结论。确认采取的对策后，对采集到的数据进行总结分析，把完成情况同目标值进行比较，看是否达到了预定的目标。如果没有出现预期的结果时，应该确认是否严格按照计划实施对策，如果是，就意味着对策失败，要重新进行最佳方案的确定。

行动（Act）：根据检查阶段的评估和评价，进行调整和改进，以提高绩效或解决发现的问题。行动的重点是从结果中学习，并实施变革，以不断改进。一方面，企业需要标准化，标准化是维持企业经营现状不下滑，积累、沉淀经验的最好方法，也是企业治理水平不断提升的基础。标准化是企业治理的动力，没有标准化，企业就不会进步。因此，对已被证明的有成效的措施，要进行标准化，制定成工作标准，以便以后的执行和推广。另一方面，企业需要对问题进行总结，处理遗留问题。所有问题不可能在一个 PDCA 循环中全部解决，遗留的问题会自动转入下一个 PDCA 循环，如此，周而复始，螺旋上升。

行动阶段是 PDCA 循环的关键。因为行动阶段就是解决存在问题、总结经验和吸取教训的阶段。该阶段的重点又在于修订标准，包括技术标准和管理制度。

综上，PDCA 循环是迭代式的，它强调持续改进的重要性。它鼓励在教练技术中用系统的方法来解决问题、设定目标和提高绩效。

四、教练面谈方式

教练面谈的教学方法经过精心策划，旨在引导员工改变行为，从而处理和解决绩效问题，这包括停止有害的行为，或鼓励和培养必要的行为。不过，要使这种方法行之有效，组织必须完成全面的辅导分析。这种分析对于建立员工的信念至关重要，即如果他们承诺这样做，他们确实可以实现预期的改变。

如果没有基础的辅导分析，实施教练面谈就会变得不成熟和不明智。组织的基础工作重点在于就员工的绩效问题向其提供建设性反馈，或开展全面调查以深入了解问题。在完成这些基础工作之前，应暂缓教练面谈。此外，如果绩效问题的根本原因与辅导分析中确定的原因一致，那么教练面谈就会失去作用。教练面谈的成功与否取决于能否消除影响绩效的其他潜在因素。例如，对于缺乏特定技能的人来说，不可能促使其行为发生转变；只有在掌握了必要的技能后，这种转变才会发生。

教练面谈阶段有时可能会发现在辅导分析阶段被忽视的不可预见的障碍。如果在面谈过程中发现了这些障碍，最好暂停面谈过程，转而采取与辅导分析阶段通常采取的行动相一致的行动，这可能涉及消除已发现的阻碍绩效的障碍的策略。

教练面谈分为五个步骤，是组织通过结构化面谈和有针对性的干预措施，有条不紊地解决和纠正员工绩效问题的指导框架。

第一步——就当前问题的实际情况达成共识

在教练面谈过程中，关键步骤是了解当前问题的实际情况，为后续行动奠定基石。管理者往往会忽视这一关键阶段，以为员工对当前问题有着固有的理解。然而，事实证明这种假设是错误的，因为许多有问题的员工并没有认识到他们的行为是有问题的。这种认识上的偏差阻碍了问题的有效解决以及管理者与员工之间的合作。问题的成功解决取决于双方对问题的共同认识。

这一步需要占据整个教练面谈 50% 的时间，具体的计划表见表 4–1。第一个目的是使员工能够了解他做错或者未能做的事情对于组织所造成的影响。第二个目的是使员工了解绩效没有改善对自己造成的影响。

表 4–1　　教练面谈计划表

1. 行为偏差（员工做错了什么）
2. 该偏差产生的结果（谁受到伤害或者给谁造成不便，增加了什么额外支出等）
3. 如果员工不改变所描述的行为，他将要承受何种后果（全部列出）
4. 期望的行为是什么（各种可行行为）

第二步——共同探讨可行的解决方法

教练面谈的第二步是与员工共同探讨可行的解决方法。在本步骤中，企业需要和员工一起探讨尽可能多的必要可行的方法。这一步骤实际上是为了员工能够浓缩经验，迅速增加他的备选方法数量。值得注意的是，第二步并不是选择可行的方法，只是列出可能会有效的方法，认识到这一点是很重要的，而从这些可能会有效的方法中选出具体的方法将在第三步进行。

第三步——就解决问题所采取的举措达成一致

教练面谈的第三步，就是对此前探讨过的问题需要采取何种解决措施取得一致意见。在管理问题的解决上，潜在解决方案的产生以及对它们的评估或选择最好分开进行，因为合并会降低整个过程的质量。例如，过早地对提案进行辩论会耗费宝贵的时间和精力，阻碍对创新解决方案的探索。在建议阶段草率地否定想法，有可能会打击员工进一步献计献策的积极性，阻碍潜在的、富有成效的建议的提出。

认可和欣赏有价值的想法至关重要，因为有价值的解决方案往往是对最初概念的完善或回应，甚至是那些被认为不太可行的概念。然而，过早地锁定一个想法，尤其是在早期阶段，可能会无意中阻止员工去支持它，尽管它有潜在的优点。在此关头，组织有必要向员工说明，在第二步中列出想法并不等同于立即承诺采取行动。

第三步不仅意味着就可行措施达成一致，还意味着为执行可行措施划定明确的时间表。不过，只有在第二步彻底探讨了所有潜在方案，确保对各种可能性进行了详尽考虑之后，才能开始实施第三步。

第四步——实施跟进以确保商定的行动得到实施

缺乏跟进也是经理们在纠正员工糟糕绩效时不能取得成功的最主要原因之一。遗憾的是，研究发现，大部分经理会花时间来探讨一个问题，却不会花时间检查议定的行动是否得到实施。经常出现的一种情况是经理被员工做出的改变的承诺所打动。该员工承认了自己的错误，也表达出谦虚的态度以及关切，而且还重申了对工作的忠诚，因此经理就认为变化肯定会出现。但是往往现状是，一开始员工的确做出了改变，但是因为经理没有跟进，没有对员工的这一改变加以认可，从而没有对这一改变进行强化支持，因此，员工就恢复到不适当的行为当中了。经常出现的另一种情况是在员工做出改变承诺时，也有经理当时马上进行跟进，但此后却没有后续跟进。只跟进一次要好过没有跟进，但最后通常和没有跟进的效果相同，即员工恢复到糟糕绩效状态。

实施跟进的目的不是记录分数，而是改变分数。如果经理不跟进，那么经理只会因为结果而喜或者因为结果而悲。跟进流程中的一个关键方面是注意其时效性。如果经理在扮演业余心理学家的角色，那么为了应对员工态度方面的变化，经理就有必要在一个较长的时期内观察许多行为，以便为对员工态度变化确立一个基础。同理，如果经理处理的是销售业绩以及成本方面的问题，那么在月度或季度结束，相关结果出炉前，就很难有办法实施跟进。这两种情况都会导致跟进无效，因为二者均不够及时，而且也不应对具体行为。

第五步——强化取得的成就

教练面谈流程的最后步骤是强化取得的任何成就，在维持绩效改善方面至关重要。经理对员工行为的表扬是对其成就的一种强化，这是企业纠正绩效问题并维持这种改善行为的一个关键部分。企业对绩效改善进行强化在教练面谈流程中具有至关重要的作用，因此它被作为一个单独的步骤来实施。

经理及时进行认可对绩效的持续改善极其重要。在取得实际绩效成就之后，强化进行得越早，影响就越显著。而实际绩效出现与对绩效进行强化之间的时间间隔越长，则强化影响就越微弱。

遗憾的是，大多数致力于纠正绩效的经理们通常都期望绩效能够从失败一下子飞跃到完美。一名过去失败 15% 的员工取得了 5% 的改善，在经理眼中仍然还失败了 10%，且因为该员工仍然还失败，所以就没有什么要强化的。根据行为强化理论，对人们的小成就加以强化会带来更多的小成就。这意味着在商业中如果有人原先失败了 15% 的绩效，后来改善了 5%，如果他强化该 5% 的改善，则他有较大机会得到另外 10% 绩效的改善。如果事实如此，那么经理为什么要忽视这 5% 的改善呢？

如果有员工每周五天上班中有三次迟到，而经过反馈或教练面谈流程后，该员工每周只迟到一次了，那将是 40% 的改进。这并不意味着整个问题得到了解决，但这的确意味着企业应当强化这种改进。

在只出现了一次迟到现象（而不是三次）的一周结束时，经理可以采用适当的强化性话语："你已经改善了自己的绩效。你本周几乎每天都按时来工作了，五天中有四天按时上班，这是一种 40% 的改进。如果你坚持下去，那么很快你便会达到我们计划中的出勤标准了。多谢。"经理的表扬性话语会起到增加按时出勤行为的效果。行为管理研究已证实，积极强化措施只有在不连续实施的情况下才最有效；如果强化措施持续出现，那么被强化的行为会在这种持续性强化措施撤除后停止。一旦某人的行为已由上班迟到转变为按时上班，经理的赏识就不再具有强化效果了。如果经理因为某员工按时上班而常常对其提出表扬，那么员工的反应很可能是："你为什么要这么做？我一直都是按时上班的。"当期望的行为变化已成为该员工的惯常行为，而且达到期望出现频率，企业的强化就应当停止。

最有效的强化方式是间歇式强化。例如，在处理工作优先级的问题中，为了强化日常行为，经理可以一周三次地检查数周，然后转变为一周一次地检查三周。在处理其他诸如按时上班这类问题时，企业可以每天一次地检查两周，一周一次地检查四周，然后一月一次地检查两个月，再然后就是一年检查两次。

第五章
教练技术的应用

一、教练技术在员工开发中的应用

教练技术在组织里的员工发展领域的一个关键应用在于技能提升。销售团队可以通过教练技术课程来提高谈判技巧，教练会模拟真实场景，提供个性化反馈，并指导个人改进方法。这种有针对性的技能发展不仅能提高个人能力，还能增强团队的整体表现，从而提高销售额和客户满意度。此外，教练技术还是提高绩效的有力工具。以软件开发公司为例，开发人员通过接受教练培训来提高编码效率。教练可能会审查代码，提出改进建议，并指导开发人员掌握最佳实践。这种有针对性的指导不仅能提高开发人员的编码水平，还能培养一种持续改进的文化，从而开发出更强大、更高效的软件产品。

职业发展是教练技术发挥重要作用的另一个领域。例如，在组织环境中，员工可以参加辅导课程，规划自己的职业发展轨迹。教练会协助员工确定优势、劣势和职业抱负，并根据组织目标制订个性化发展计划。这不仅能提高员工在组织内成长的能力，还能提高员工工作的积极性。

理想的情况是每个知识型员工都有自己的教练，考虑到投资回报率，组织可根据自身规模、工作性质等因素，决定教练是面向全体员工还是面向特定的团队、经理或部分员工。例如，人数少而人均产值高的高科技企业可以为全体或大部分知识型员工提供教练支持；人数多而人均产值较低的企业，可以为特定的关键岗位提供教练支持。组织应为员工和教练提供双向选择的机会。在正式的教练关系确定之前，双方可以通过一两次教练活动，判断相互之间是否匹配。一段教练关系确定之后，教练应根据被教练者的绩效现状及个人特质制订针对性的计划，在被教练者执行计划的过程中对其进行适时监控，定期评估教练效果。如果被教练者已经具备独立完成任务的能力，或遇到其中一方调离、晋升等情况，可以考虑中止教练关系。

同时，领导力发展也是教练技术的应用领域。组织通常会投资教练项目，以培养潜在的领导者。通过一对一辅导或小组会议，有抱负的领导者可以获得沟通方式、决策、冲突解决和战略思维方面的指导。这样组织可以培养出一批有能力的领导者，推动组织向前发展。此外，教练技术还有助于解决团队内部的冲突。在出现人际冲突的情况下，教练会改善沟通渠道，让个人掌握解决冲突的技能。这一过程有助于缓解紧张局面，培养团队活力，确保工作环境更有利于提高团队的凝聚力和生产力。

在组织变革或重组时期，教练技术可以成为支持员工的支柱。例如，在公司合并期间，教练会帮助员工适应新的角色、适应企业文化转变以及管理变革带来的不确定性。这种支持可以最大限度地减少阻力、鼓舞士气，并帮助员工实现更平稳地过渡。

总之，教练技术是一种多功能工具，组织可利用它来提高技能、提升绩效、培养领导潜能、解决冲突，并在变革期间帮助员工顺利过渡。通过投资教练技术，组织可以培养学习、成长和适应性文化，最终推动个人和组织取得成功。

二、教练技术在绩效改进中的应用

（一）基本步骤

教练技术在绩效改进中的实施流程主要包括明确目标、反映真相、改善心态和计划行动。

（1）明确目标：管理大师彼得·德鲁克认为，做正确的事远比正确地做事重要。明确目标就是确保做正确的事情。

（2）反映真相：反映真相就是令受训人员知道目前的状态，包括信念、行为、情绪等，从中洞悉现状与目标的偏差和距离，区分事实与真相。比如，有些时候，员工也许会说一大堆不做某件事的理由，真相却是害怕失败。教练可发挥镜子作用，镜子无法教人如何着装打扮，但却能让员工看到他们现在的样子。

（3）改善心态：态度决定行为，行为决定成果。所以要想得到不同的成果，首先要有不同的态度。教练与咨询的最大不同在于，教练针对员工的心态，而不会教他们具体方法。很多情况下，发生什么事并不重要，重要的是面对它的态度，拥有良好的心态才能有效地做事。人们习惯于在行为上作调整，但是如果影响行为的更本源的态度或信念没有改变，那么行为的调整作用是有限和短暂的。改善心态就是选择更有利于目标的心态，并贯彻到行为上，保持行为与目标一致。

（4）计划行动：当看到镜中的自己与预想的不同时，员工自然会作出相应的调整。教练会要求受训人员制订切实可行的计划，并跟进和监督其成果。没有计划和行动，目标永远不会变成成果。同时，教练也会像催化剂一样促使受训人员提高行动力，让他看到自己的潜能以及行动中新的可能性，支持他在实践中不断自我学习，做到更好。

（二）应用形式

企业教练有两种应用形式。一种是外部专业教练。聘请外部专业教练来帮助员工成长是常见的形式，这一形式主要是面向高管和高潜质人才。外部专业教练往往拥有丰富的管理经验、娴熟的教练技巧和客观中立的立场，这有助于教练关系的建立及取得可以预期的效果。另一种是内部教练式领导。把经理培养成教练式领导是教练技术在企业中另一重要形式。这种形式可以面向各个管理层级，往往通过让经理参加教练认证课程，帮助他们提高领导力，使其在与下属的沟通中更多地应用提问而不是直接给出答案，以此来促使员工自主解决问题并且愿意主动承担责任。

（三）应用技巧

企业教练在进行企业绩效改进时需要掌握四大技巧，分别为聆听、发问、区分和回应。

（1）聆听：企业教练应仔细聆听受训人员话语背后的本心、事实与真相、感受、情绪。聆听时要抛开自己的先入性判断和看法。

（2）发问：企业教练通过发问发掘受训人员的心态，收集资料，让其找出问题的解决方法。发问的态度是中立的、有方向的和建设性的。

（3）区分：企业教练需要厘清事实与演绎，避免混淆，让受训人员了解自己的心态、固有信念和处事模式。

（4）回应：回应是一种强有力的工具，让受训人员清楚自己的实力和弱点。回应的方向是直接明确的、负责任的和及时的。

这四种能力看上去简单，实际上不仅难于掌握而且难以用语言表达。以聆听为例，人们都习惯于聆听对方的语言。而实际上，研究表明，人的内心活动 80% 以上是通过情绪和身体动作等非语言形式表达的。因此，这就要求教练要有见微知著的洞察力。

第六章

绩效改进与教练技术展望

一、跨文化教练

全球经济一体化的发展势头和跨国企业的扩张促进了全球化和区域化的融合。这种共生关系极大地影响了跨国公司的各个方面，包括其组织结构、技术方法、决策过程和控制机制。然而，在这种融合的过程中，一个重大的挑战迫在眉睫——员工的文化背景各不相同，文化多样性成为影响管理效率的关键因素，文化差异是企业在全球市场这一动态环境中取得成功的首要障碍。

文化冲击不仅会破坏员工之间的友好关系，还会导致管理费用激增，增加组织协调障碍。这些连锁反应提高了整体运营成本，在组织内部营造了一种低效率的环境。因此，以灵活有效的方式应对市场挑战成为一项艰巨的任务。一家跨国公司在不同的国家开展业务，会遇到不同的文化差异，从独特的商业习惯、不同的法律框架到不同的沟通方式等。要应对这种文化多样性，有效的解决方案就是在企业内部实施全面的跨文化培训计划。

通过开展跨文化培训，企业可以让员工掌握必要的工具，以驾驭和适应不同的文化环境。这种培训活动不仅能减轻文化冲击带来的破坏性影响，还能培养一支更具凝聚力、适应性和文化意识的员工队伍，使企业能够在全球多元化的市场中更高效、更成功地运营。

跨文化教练是教练领域中一种细致入微、错综复杂的教练方式，是深入研究不同文化背景、传统和观点的辅导方法。跨文化教练的前提是文化对个人的行为、沟通方式、价值观和愿望具有重要影响。因此，在一种文化背景下可能有效的教练技术，在另一种文化背景下不一定会产生同样的效果。

跨文化教练的核心是培养对文化细微差别及其对教练动态影响的敏锐意识。这就需要对不同文化的复杂性、沟通模式、关系规范和基本价值观有更深入的了解。此外，跨文化教练通常会根据客户的文化背景来调整他们的教练方法。这种适应性方法确保教练干预不仅具有相关性，而且能与来自不同文化背景的个人的价值观、信仰和期望产生深刻共鸣。通过融入文化敏感性和适应性元素，创造一个尊重和融合各种文化观点的包容性教练环境。

从本质上讲，跨文化教练拥抱了丰富的文化多样性。它倡导包容性、同理心以及对人类多方面经历的深刻理解，其最终目标是促进成长、发展和成功，同时尊重和利用不同文化固有的优势。

二、教练的道德准则

教练的道德准则是在教练关系中建立和维护信任、尊重和专业精神的基石，具体内容如图 6-1 所示。

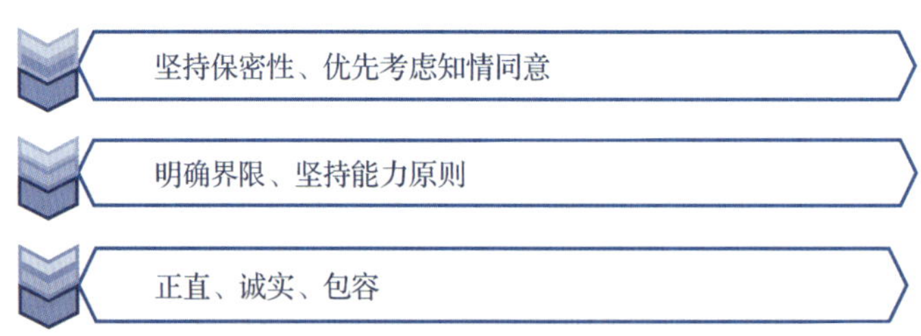

图 6-1　教练道德准则

（1）坚持保密性是一个基本要求，教练要保护客户的隐私，除非法律或道德要求，否则未经明确许可不得共享信息。优先考虑知情同意，确保客户清楚地了解教练过程、目标以及他们在这种合作联盟中的权利。

（2）此外，在教练与客户的动态关系中保持明确的界限对于防止利益冲突或模糊界限以致损害教练参与的完整性至关重要。教练也要坚持能力原则，在自己的专业知识和培训范围内提供服务，承认自己的局限性，并在必要时进行适当的转介。

（3）正直和诚实仍然是不容讨价还价的，教练在所有互动中都要承诺行为透明、真实、合乎道德。尊重客户的自主性、观点和不同背景，强调创造一个包容、无歧视的教练环境的重要性。通过不断地学习、监督和自我反思来实现持续的专业发展，进一步加强教练的能力，同时培养自身对道德考量的敏锐意识，确保始终符合最高的执业标准和满足客户需求。

三、绩效改进与教练技术未来的挑战

绩效改进与教练技术未来有多领域融合趋势。

同时，绩效改进与教练技术未来的发展也存在一些挑战。在各种趋势和挑战的推动下，绩效改进和教练技术的未来格局似乎将发生重大演变。其中一个突出的趋势是教练技术与教练方法的不断深入融合。随着人工智能（AI）的不断发展，利用人工智能的教练工具将提高教练干预的可及性、个性化和整体效果。此外，将虚拟现实（VR）和增强现实（AR）整合到教练平台中，有望营造出栩栩如生的环境，有利于技能发展和行为改变。这一领域值得注意的趋势还包括越来越多地依赖数据驱动的教练方法。利用数据分析的力量，教练可以细致地跟踪和衡量教练方法的影响，从而进行更有针对性的干预和循证实践。这种向以数据为中心的方法的转变，不仅完善了教练方法，还有助于更全面地了解个人和组织的绩效指标。

此外，不断变化的工作环境，特别是远程和全球分散团队的兴起，也要求教练实践作出相应的变化。预计教练将逐渐采用适应远程工作环境的方法，强调数字化教练技术，并调整教练策略以适应不同的文化背景。虽然这些趋势有望带来变革性的进步，但也出现了一些挑战。在技术和数据分析快速融合的过程中，道德方面的考虑要求我们保持警惕，以维护客户保密性、数据隐私。快速适应不断变化的工作，这也是一项挑战，要求教练对不断变化的工作场所动态保持灵活反应。同时，对复杂的心理问题、不同文化的细微差别以及技术工具的熟练整合，仍然是一项紧迫的挑战。

确保教练辅导对不同人群的可及性和包容性仍然是一项重大挑战。在应对这些变革性趋势和挑战的过程中，教练和绩效改进领域需要不断创新、坚守职业道德，并坚定不移地致力于包容性和适应性实践。

目前，中国已有几十万名企业管理者接受过教练技术训练，并成功运用于企业管理实践中，为企业赢得了更好的发展，也为教练技术赢得了本土发展的机会，是“大众创业、万众创新”的源泉。教练技术运用专业技能，基于目标激发自身潜能、创意与智慧，解决问题。因此，企业应该把握和利用好发展新机遇，应对新挑战。

第七章

绩效教练工作实务案例集

一、逐级承接分解法——有效分解落实战略目标

情景导入

老罗是河北省石家庄某供电单位人资部主任，负责绩效考核管理。在前几天的单位例会上，领导给老罗布置了一项任务，要求老罗探索逐级落实分解组织战略目标的新方法，并制定对应的绩效考核管理体系。原因是最近有人提出，在对下级单位进行考核时，经常会遇到总目标与分解各子目标的方向不一致，各紧密关联的子目标过程、进度不同步，无法有效设定各层级的管理目标等问题。组织战略目标分解不清晰会直接影响目标的完成度，导致绩效管理过程的失效。老罗接到任务后一筹莫展，一直在思考如何寻找新方法对组织战略目标进行分解，以有效保障目标任务的完成。

问题分析

原有的分解方法主要从任务目标这一单一维度对目标任务进行分解，忽略了任务方向、任务目标、任务计划和衡量标准四个维度的协同，以及各关联子目标之间的协同管理。这种分解模式可能造成组织战略目标考核管理的失效，无法调动各级单位的

工作积极性，导致组织绩效完成情况不理想。

解决方案

老罗创新使用了“逐级承接分解法”，即从任务方向（Direction）、任务目标（Objective）、任务计划（Action）和衡量标准（Measure）四个维度对目标任务进行快速分解，准确定位目标责任，实现各级组织目标高度统一，确保组织战略目标全面实现。该法又称为 DOAM 法，其原理如图 7-1 所示。DOAM 法的实施步骤包括：建立工作任务、逐级对接承诺、细化任务计划、明确衡量标准、组织所需资源，如图 7-2 所示。

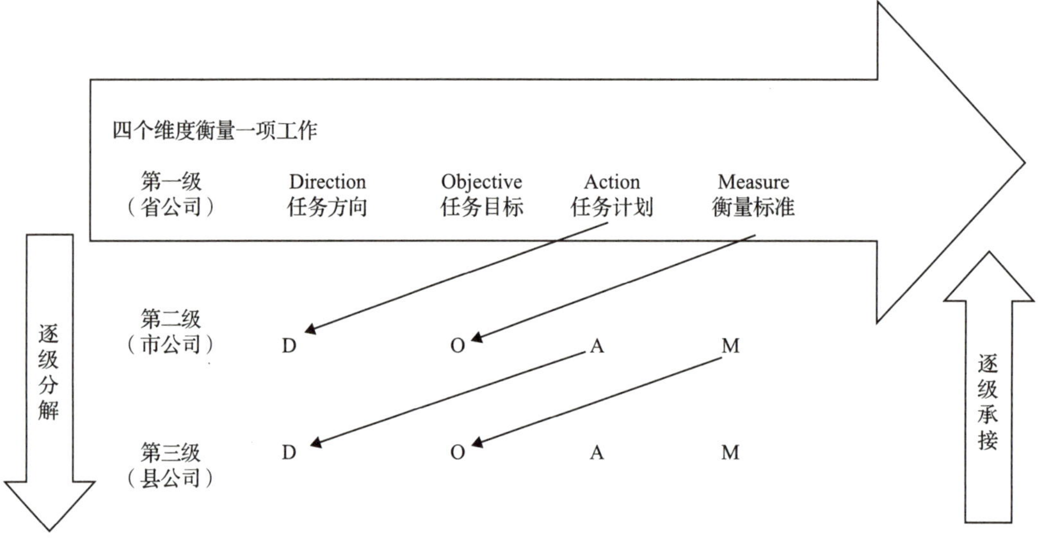

图 7-1　DOAM 法原理

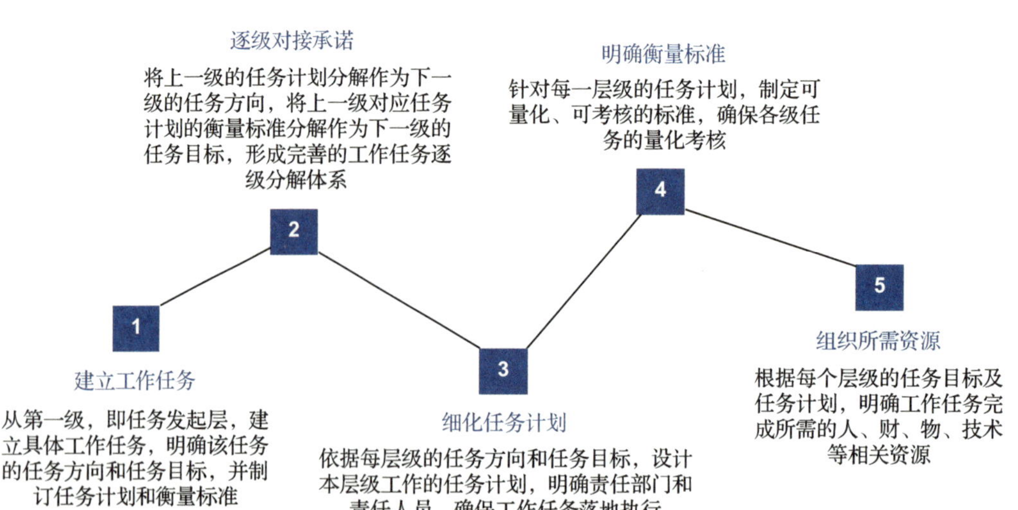

图 7-2　DOAM 法的实施步骤

（一）建立工作任务

省公司作为分解战略目标的第一层级，实施动力体系升级工程工作任务，见表 7–1。

表 7–1　　实施动力体系升级工程工作任务表

任务方向	实施动力体系升级工程，提高人力资源管理的引领力和穿透力
任务目标	成立课程组，搭建县公司指标体系，实现直采指标数据，对 102 个县公司进行排名
任务计划	（1）搭建通用的县公司指标体系（国网 A 供电公司承接） （2）建立指标数据采集流程（国网 B 供电公司承接） ……
衡量标准	（1）6 月底前，核心指标提取不超过 10 个 （2）6 月底前，明确取数时间、取数规则等，建立省市县一体化流程 ……
责任人	省公司人资部员工处副处长　李 *
所需资源	各地市公司绩效专责

（二）逐级对接承诺

市公司作为第二层级，将上一级任务计划对接本级任务方向，以国网 A 供电公司承接的单项任务“搭建通用的县公司指标体系”为例进行对接承诺，见表 7–2。

表 7–2　　国网 A 供电公司承接搭建指标体系工作任务

任务方向	搭建通用的县公司指标体系
任务目标	核心指标提取不超过 10 个
任务计划	（1）提取运检、营销等主营业务指标，组织县公司讨论合理性 （2）将指标体系初稿发至其他市公司，征求意见 ……
衡量标准	（1）5 月底前，组织运检、营销专业各提取指标小于 5 项，讨论确定 （2）6 月中旬前，将确定的指标体系发送给其他市公司，征求意见 ……
责任人	国网 A 供电公司组织部五级职员　徐 *
所需资源	运检部、营销部、各县公司配合

（三）细化任务计划

县公司作为末端应用层级，需要明确责任部门和责任人员，针对本层级的任务计划，制定可量化、可考核的成果标准，见表 7–3。

表 7–3　　县公司末端工作任务计划及衡量标准

任务方向	学习宣贯“6+2”指标体系
任务目标	查找管理短板，提升管理水平
任务计划	（1）认真学习指标定义和衡量标准，对照排名分析管理差距 （2）宣贯标杆经验，根据短板事项制定整改措施 （3）落实整改措施，监控指标情况
衡量标准	（1）指标发布 3 日内，分析排名情况，学习典型经验 （2）指标发布 5 日内，制定整改措施，责任到人 （3）落实整改任务，做好指标监控
责任人	国网 C 县供电公司人资专责　张 *
所需资源	县公司相关部门

实施效果

通过全省范围内的标杆引领、整改提升，国网 A 供电公司下属县公司由 8 月的最佳排名第 16 名，提升至 9 月有 2 家入围前 6 名，2 项指标管理作为标杆经验在省公司范围内发布，对基层单位提升经营业绩和管理水平起到极大的推动作用。

案例总结

本案例采用 DOAM 法实施的动力体系升级工程，形成自上而下的任务分解、自下而上的目标对接体系，确保了各级任务的产生、分解、落实，衔接有序，稳步推进，对县公司强化管理短板起到了很好的指导作用，解决了组织战略目标任务分解不统一、方向不一致的问题。

本方法适用于省、市、县级单位组织战略目标任务的分解。在使用该方法时，需要注意的内容包括：一方面，拟分解的工作任务或项目必须是重要且具体的。另一方面，各个层级细化 DOAM 四个维度时，要有明确的任务内容、具体的任务计划、确定的完成时间、清晰的衡量标准，才能保证上下层级工作的有序衔接。

二、业绩指标 QQCT 分解法——指导部门（班组）关键业绩指标分解

情景导入

小李是国网河北省石家庄市 A 供电所的一名刚入职的普通员工，刚开始工作的小李积极性很高，工作完成得也很好。A 供电所于年初开始实行绩效管理，但绩效经理人不懂绩效管理，基本就是走形式、走过场，业绩指标都是平均分配。小李发现，他加班加点，很努力认真地完成指标，与其他人马马虎虎达成目标的绩效评分一样，小李积极性受到了严重的挫伤，于是工作上就开始变得马马虎虎。老王作为供电所的所长，发现了这个问题，就找小李了解真实情况。当了解清楚真正问题后，老王就在思考业绩指标到底该如何分配，才能在保障公司整体效益的同时，让每个同事都能达成指标并且绩效稳定提升。

问题分析

绩效管理开展的初期，一定会面临许多问题。业绩指标分解作为绩效管理最为重要的环节之一，对绩效管理的成效有很大的影响，因此业绩指标的分解一定不能流于形式。员工适应了过去轻松的管理模式，对于新的管理模式一定会不适应。尤其是平均分配业绩指标的分解方式，一定程度还会影响做得好的员工。绩效考核的压力没有层层传递到一线员工当中，进而让员工对绩效考核产生抵触情绪，绩效本身的激励效果并没有达到。因此作为班组的负责人，如何通过标准化、科学化的业绩指标分解方式让员工快速适应班组新的管理模式，并确保业绩指标分解的公平公正公开极为重要，是落实任务安排，提高班组效率以及公司整体效益的重要方式之一。

解决方案

业绩指标分解是绩效管理中重要的一环，在公司绩效考核开展初期，可基于“格里波特”四分法，采用业绩指标 QQCT 分解法的关键业绩指标分解模式，从数量（quartity）、质量（quality）、成本（cost）、时效（time）四个维度分解指标，如图 7-3 所示。从而让班组成员快速适应新的管理模式，明确相应工作谁来做、如何做、做到什么程度以及工作任务考核什么、如何考核、考核结果如何用等，助力班组工作有序推进。

图 7-3　业绩指标 QQCT 分解法

老王首先对员工进行访谈，了解大多数员工对于绩效的重视程度以及对指标的接受程度，之后开始应用业绩指标 QQCT 分解法对关键业绩指标进行分解。具体的实施步骤包括：分析指标构成、明确指标要求、确定责任岗位及明确考核指标。

（一）分析指标构成

以优质服务满意率为例，分析该指标的构成，绘制指标构成鱼骨图，如图 7-4 所示。优质服务满意率 = 业扩报装时限达标率的 50%+ 客户服务规范率的 50%。

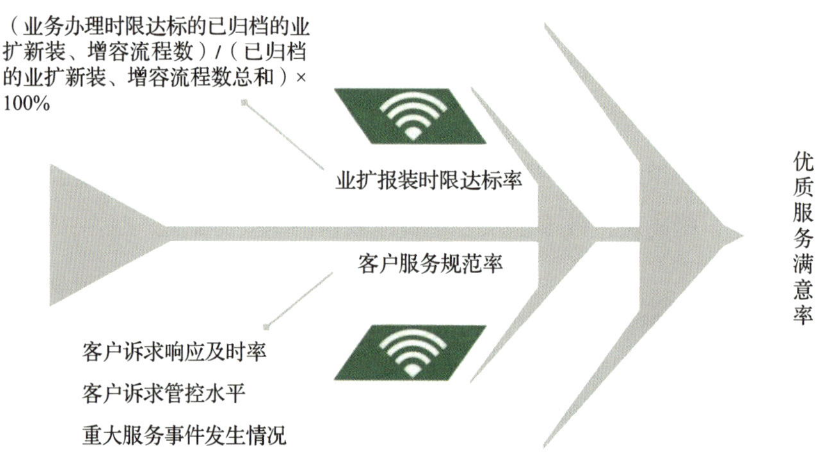

图 7-4　指标构成鱼骨图

（二）明确指标要求

根据优质服务满意率指标的构成，明确各分项指标的数量、质量、成本、时效要求（见表 7–4）。

表 7–4　　优质服务满意率指标 QQCT 分解表

指标	数量	质量	成本	时效
业扩报装时限达标率	所有工单	无超期	按规定执行	≤ 3 个工作日
重大服务事件发生情况	—	—	—	—
客户诉求管控水平	零投诉	以客户为中心，提高供电可靠性，减少频繁停电	—	—
客户诉求响应及时率	所有发生工单	按标准回单	—	按时限要求回单

重大服务事件发生情况、客户诉求管控水平、客户诉求响应及时率达标，则保证客户服务规范率达标。

业扩报装时限达标率和客户服务规范率达标，则保证优质服务满意率达标。

（三）确定责任岗位及明确考核标准

通过分析指标考核计算方式，明确该指标涉及业扩报装专业、供电服务专业、配电检修专业，即包括业扩报装受理员、95598 服务代表、抄表催费员等岗位，结合各岗位职责，提出具体要求。下面以业扩报装受理员为例。

业扩报装受理员的岗位职责包括及时归档业扩新装、增容流程，不发生超期工单。对于业务办理时间与系统记录时间相差 3 个工作日及以上的业务流程，若其占回访工单总数的比重高于 3%，每高 0.5%，扣 1 分。

实施效果

老王应用业绩指标 QQCT 分解法对关键业绩指标进行分解全过程的灵活运用，之后所有员工很快就适应了新的业绩指标分配模式，一改以往懒散的工作作风，所里绩效氛围浓厚，每个员工都领到了相对应的指标而不是平均分配的指标，而且努力将自己领到的指标做到最好。最终各项指标呈现稳步提升的趋势，所内管理和业务都得到了有效的提升，如图 7–5 所示。

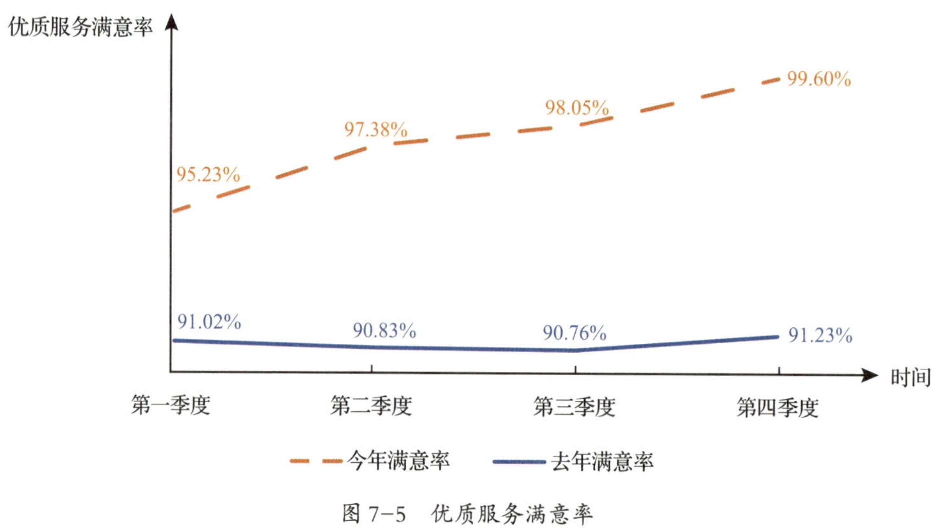

图 7–5　优质服务满意率

案例总结

绩效考核不是简单地分配任务，更不是平均分配指标，这样既无法发挥每个人的价值，又会对团队的思想动态产生不好的影响。有些员工能力强分配的指标却少，这些员工就会觉得绩效有没有都一样。有些员工能力差分配的指标却多，这些员工容易抵触绩效管理的模式。尤其是在绩效考核初期，平均分配指标会让部分员工产生抵触情绪，影响后面绩效考核的落地。因此，采用科学、合理的指标分配方法，能够有效地避免矛盾激化，有利于绩效管理的落地。

该方法适用于承担关键业绩指标、重点工作任务的班组或者部门。

在使用该方法时，需要注意以下几点：一方面，保证指标分解时尽量公平公正，根据员工自身的综合能力素质，从客观的角度进行分配，分配的工作内容和工作量要让员工都能全力完成。分配过程中尽量避免主观因素影响。另一方面，实际操作时领导要充分了解每个员工的实际情况，善于通过现象挖掘本质原因，了解事情的背后真相，并为员工提供力所能及的辅导和帮助，科学把握业绩指标的分解。

三、绩效合约“三维目标”法——为员工制定“合身”的绩效合约

情景导入

上年度的绩效考核结果出来后，很多员工的绩效考核分数都不太理想，整天郁郁寡欢。尤其是小王、小李等人甚至出现了严重的消极怠工现象，他们的绩效经理人老张看到这种现象十分着急，决定找他们谈话。

“小王、小李啊，你们最近是怎么了？有什么事都可以和我说说，我能帮到你们的一定会尽全力帮。”老张语重心长地说道。

小王叹气道：“张经理，我也很无奈啊！我原本就不擅长文字工作，结果还安排我写稿件，我费尽心思都做不好……”

小李跟着也叹了一口气：“唉！我是觉得绩效考核分数完全不能衡量我上年度做的工作，考核只注重业绩，业绩不好，分数就低，但是我在背后付出的汗水都没人看见。”

……

小王和小李走后，老张在办公室发愁该怎么给大家一个交代。

问题分析

出现以上问题的原因主要有三点：一是在制订绩效计划时缺乏沟通，在安排工作任务时，没有考虑个人的工作能力和意愿，强行安排不仅会引发员工的抵触情绪，还会影响工作任务的完成质量。二是绩效考核维度单一，只关注工作产出，而忽视了对员工工作行为的评价。三是绩效考核导向不明，不能有效发挥绩效考核的激励作用。

解决方案

为了更好地体现员工个人能力素质和价值贡献，老张和公司领导共同商议，设计出了绩效合约“三维目标”法，即针对不同员工的特点，绩效经理人在与员工进行充分沟通的基础上，分解部门绩效合约中的指标和任务，量身定制涵盖“三维目标”（基本目标、提升目标、能力目标）的绩效合约。实施步骤如下：

（一）设置基本目标

基本目标是管理人员在岗位工作中必须做到的、必须做好的个人常规性工作，包括基础专业工作、部门公共事务和专项工作等，基准分值直接体现其日常工作量，鼓励员工把基础工作做精做优。公共事务积分规则见表 7–5，专项工作积分规则见表 7–6。

表 7–5　　　　公共事务积分规则

序号	项目	对口部门	积分
1	文书档案收集	办公室	3 分
2	保密工作	办公室	3 分
3	资产全寿命周期	安质部	6 分
4	协同监督	监察部	3 分
5	党风廉政建设	监察部	3 分
6	卓越绩效日常管理	运监中心	6 分
7	同业对标指标管理	运监中心	6 分
8	部门报销员	财务部	3 分
9	部门信息员	信通公司	3 分
10	部门用车申请	汽服公司	3 分

表 7–6　　　　专项工作积分规则

序号	项目	积分	备注
1	关键业绩指标	以前三个季度指标排名的平均成绩为目标值。 （1）指标分值，超过最高值加 1~2 分，达到最高值加 0~1 分，低于目标值扣 0~1 分，低于最低值扣 1~2 分； （2）连续处于第一位的指标，从第 4 次开始加 0.5 分	
2	承担项目小组协调工作	10 分	
3	撰写通讯报道	（1）公司网站发布计 2 分； （2）省公司录用计 3 分； （3）国网公司录用计 4 分	
4	创新项目管理	（1）出成果计 5 分； （2）获省公司二、三等奖计 7 分； （3）获省公司一等奖、推荐国网公司计 10 分； （4）获国网公司相关奖项计 12 分	若同时入选多个项目，以最高分计
5	卓越绩效项目管理	（1）出成果计 5 分； （2）入选省公司计 7 分； （3）入选国网公司计 10 分	

（二）设置提升目标

提升目标主要包括根据管理创新项目、上级试点工作、公司级重点工作任务等确定的绩效目标，需要由管理人员努力争取，旨在体现他们的贡献。

（三）设置能力目标

能力目标是将岗位能力、技能等级及职称，进行定量和定性的等级划分，明确各等级对应的分值（见表 7–7），与绩效结果相关联。

表 7–7　　　　管理人员能力目标清单

评价项目			分值（分）
岗位能力	文字能力	高级：具备国网公司级媒体文章撰写能力	1
		中级：具备省公司级媒体文章撰写能力	0.5
		初级：具备公司级媒体文章、部门综合性总结材料撰写能力	0.2
	组织协调能力	高级：具备参与上级公司协调工作的能力	1
		中级：具备协调公司部门间事宜的能力	0.5
		初级：具备协调部门内部事宜的能力	0.2
	沟通能力	高级：组织内部评价，获得 80% 以上员工的认可	1
		中级：组织内部评价，获得 61%~80% 员工的认可	0.5
		初级：组织内部评价，获得 50%~60% 员工的认可	0.2
技能等级	双高（高级技师、高级职称）		2.8
	高级技师		2.5
	技师 / 双师（技师、中级职称）		2.0/2.3
	高级工		1.5
	中级工		1
	初级工		0.5
职称	教授级		3
	高级职称 / 双高（高级职称、高级技师）		2.5/2.8
	中级职称 / 双师（中级职称、技师）		2.0/2.3
	初级职称（助理级）		1.5
	初级职称（员工级）		1
	注册师一级		2.5
	注册师二级		2

三维目标的设置、基础分值与权重均因人而异，打破了绩效合约的统一模式，让绩效合约更“合身”，如图 7-6 所示。

传统绩效合约	
考核内容	权重（%）
关键业绩指标	40
重点工作任务	40
综合评价	20

“三维目标”绩效合约	
考核内容	权重
基本目标	0~100%，与绩效经理人商定
提升目标	0~100%，与绩效经理人商定
能力目标	0~100%，与绩效经理人商定

图 7-6 “三维目标”绩效合约

注：三维目标的权重和为 100%。

实施效果

通过绩效合约“三维目标”法，极大地提升了员工的工作积极性。工作效率高、积极性高的员工积极承接更多兼职工作，获取更高的基本目标得分；工作能力强、喜欢挑战自我的员工主动承担重点工作任务，获取更高的提升目标得分；让能力素质有欠缺、学习能力强的员工主动提升能力素质，获得更高的能力目标得分。

案例总结

涵盖“三维目标”的绩效合约是根据员工个人情况量身打造的，比传统的绩效合约更加贴合实际，更有针对性。对于员工个人来说，绩效合约“三维目标”法能够使其明确工作职责，更加明确绩效目标，个人的绩效得到更加科学合理的评价，从而提高工作主动性、积极性；对于组织来说，有利于组织目标的分解和实现，实现对员工更有针对性的绩效辅导。

本工具适用于指标难以量化、岗位可比性不强的管理部门。

在运用绩效合约“三维目标”法时，需要注意以下几点：

首先，要遵循实事求是的原则，尤其是能力目标，要在与各类员工充分沟通的基础上量身定制，且目标应是员工在一个考核周期内通过主观努力能够达成的，以利于充分调动员工积极性。

其次，在设置各项目标的权重时要考虑任务的难度和时间缓急，对于难度大、时间紧的目标任务，适当给予较大的分值。

再次，同一岗位三维目标的权重尽量保持一致，不同的岗位目标权重应进行适当的调整。

最后，绩效合约并不是一成不变的，在实施过程中要根据实际情况进行修订。

四、指标分类定责法——解决业绩指标分类定责难题

情景导入

老徐是河北省石家庄市某单位的人资部主任，近日在公司部门负责人工作汇报例会上，发展部、营销部、运检部等几个部门的负责人都向老徐抱怨年度业绩考核指标和月度考核责任分解不合理，自己部门承担的考核指标受到其他部门工作完成度的影响，相关部门发生问题均会导致本部门指标考核无法完成，但指标考核的责任却是由自己部门承担。会后，老徐立即对大家反馈的情况开展了调查，发现主要是线损率、工程竣工决算完成率这类跨部门、跨专业的指标，容易存在分解难、管控难的问题。考核指标、考核责任的分解直接影响着各部门的工作安排和绩效管理成效。作为人资部主任，如何优化业绩考核指标分解、落实考核责任，提高部门指标完成水平，是老徐的首要任务。

问题分析

原有的业绩考核指标分解方式不够细致、考核责任的落实没有突出主体性，忽略了一些指标跨部门、跨专业的特点，没有结合考核指标所涉及的业务模式、业务流程等内容按类有针对性地进行责任分解，自然容易导致指标分解难、管控难。解决问题的重点在于根据业绩考核指标特点划分指标类型、分类开展责任分解，提高指标承担部门与考核主责部门的匹配度。

解决方案

针对这个问题，老徐引入了指标分类定责法，即通过分析指标管理模式和业务流程，将业绩考核指标划分为综合类指标、任务类指标和流程类指标三类，确定指标在主要负责部门和配合部门间的责任分担方式，以便进一步实施有针对性的指标管控。

实施步骤包括：划分指标类型、分类开展责任分解，具体如图 7–7 所示。

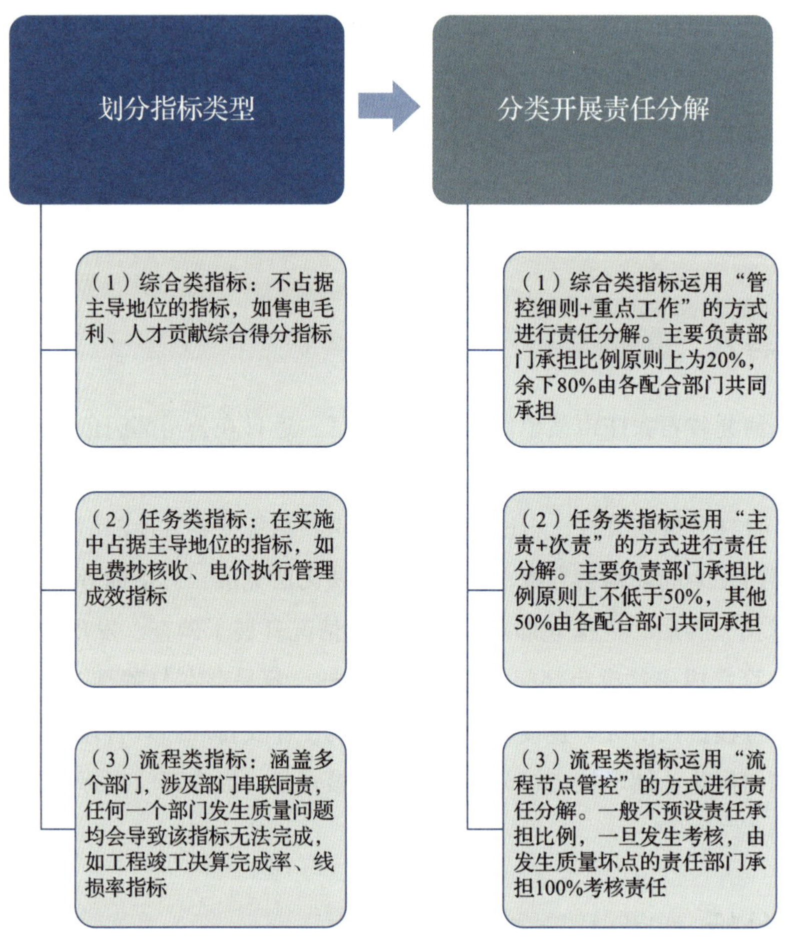

图 7–7　指标分类定责法介绍

（一）划分指标类型

根据单位下达的业绩考核体系，将 14 项一级指标分解为 27 项二级指标，并根据业务特点开展指标分类，其中综合类指标 10 项、任务类指标 12 项、流程类指标 5 项，见表 7–8。

表 7–8　　业绩指标分类表

序号	一级指标	二级指标	指标类型
1	售电毛利	售电毛利	综合类
2	线损率	线损率	流程类

续表

序号	一级指标	二级指标	指标类型
3	企业管理成效指数	管理创新指数	综合类
4		质量管理指数	综合类
5		……	……
6	运维检修质量	运维检修质量	任务类
……	……	……	……

（二）分类开展责任分解

以下分别以管理创新指数、运维检修质量、线损率三个指标为例，明确指标主要负责部门和配合部门及其相关责任分配。

（1）以“管理创新指数”为例，归口部门为办公室，其仅负责管理创新成果的组织、数据统计，具体实施仍由各部门负责，由此将其分类为综合类指标。归口部门办公室从课题立项、课题实施和成果形成三方面对各配合部门进行考核，管控细则见表 7–9。

表 7–9　　“管理创新指数”指数管控细则表

指标名称	管控内容	管控细则	配合部门
管理创新指数	课题立项	（1）根据科技项目申报立项情况进行评价：每立项 1 项，加 0.2 分。 （2）根据管理创新项目申报情况进行评价：每立项 1 项，加 0.2 分。 ……	各部门（QC 活动注册开题仅考核运检部、营销部、调控中心和项目管理中心）
	课题实施	课题实施过程规范性、成果规范性由办公室按照具体创新工作实施办法进行评价	各部门
	成果形成	（1）根据项目申报选送情况进行评价： 按上报项目级别（国网公司、省公司、市公司）梯度加分。 （2）根据项目获奖情况进行评价： 按项目获奖级别（国网公司、省公司、市公司）梯度加分。 （3）根据获得专利授权或论文发表情况进行评价： ……	各部门

（2）以“运维检修质量”为例，归口部门为运检部，其占电网设备运维检修的主

导地位，由此将其分类为任务类指标。考核评价由运检部直接对配合部门进行，但评价成绩不能低于运检部自身成绩（见表 7–10）。

表 7–10　　运维检修质量指标分解定责表

考核内容（二级指标）	考核目标	主要负责部门	责任承担比例	配合部门	责任承担比例
运维检修质量	100 分	运检部	60%	营销部、调控中心、项目管理中心、发展部、供电服务指挥中心	40%

（3）以“线损率”为例，归口部门为发展部，但具体开展线损治理工作的部门则为运检部、营销部等，发展部主要负责每月数据统计工作，较难区分主要负责部门和配合部门，相关部门发生质量问题均会导致线损率指标无法完成，由此将其分类为流程类指标（见表 7–11）。

表 7–11　　线损率指标定责表

考核内容（二级指标）	考核目标	责任部门
线损率	完成公司目标值、发生坏点部门承担 100% 责任	发展部、营销部、运检部、调控中心

实施效果

通过开展指标分类定责法，公司进一步明确了业绩指标类型，快速完成指标分解，准确定位部门责任，更有利于开展指标管控和精准衡量部门贡献。特别是线损率指标，2018、2019 年度指标得分分别较 2017 年提升了 2.38%、3.17%。

案例总结

本案例使用指标分类定责法，从业绩考核指标的特点出发，将指标分为综合类、任务类和流程类三种，明确每类指标的定义、范围、主要负责部门和配合部门，最后分类开展责任分解，实现了业绩指标准确定位部门责任，有效发挥了指标考核的导向作用，调动了各部门合作完成指标考核的积极性，解决了指标分解难、管控效果不佳的问题。

本工具可适用于跨部门、跨专业指标的分解和管控。

在使用该方法时，需要注意以下几点：一方面，在责任分解过程中，特别是制定综合类指标的管控细则时，主要负责部门要立足目标达成，认真考虑对配合部门的工作要求，确保管控细则的可操作性和有效性。另一方面，在责任承担比例设置中，要充分考虑多方原因，确定合适的主要负责部门与配合部门承担比例，既要体现考核的公平性，也要符合企业的实际。

五、三维绩效计划管理法——提高管理与业务双职能组织的绩效计划管理质量

情景导入

年底的总结会议上，国网河北省石家庄市某供电公司大数据支持项目负责人老张在会上提出了调整现有绩效计划管理的议题。在一整年的绩效管理实施过程中，绩效计划管理一直沿用过去的单纯使用KPI考核法或目标管理法，对于其他部门来说，还是非常有效果，提高了管理的效率，但是对于新成立的大数据中心这样的双职能部门来说，由于自身业务的双重性质，绩效计划的分解难以做到合理设置考核目标。因此刘总在会上给人资部王主任安排了一项任务——重新调整现有的绩效计划管理。针对大数据中心如何科学合理制订绩效计划的问题，王主任需要寻找更好的解决方式。

问题分析

绩效计划是绩效管理的起始环节，企业通过绩效计划形成工作导向。针对兼具职能管理与业务指标的单位或部门，单纯使用KPI考核法或目标管理法难以做到合理设置考核目标。公司新成立的大数据中心兼具对内实施管理职能和对外承接业务实施的职责，沿用过去的KPI考核法或目标管理法无法满足其合理设置和分解考核指标的需要，因此需要建立一套科学实用、可操作性高、针对性较强的绩效计划指标管理体系。

解决方案

王主任在走访、调查清楚大数据中心的基本情况后，鉴于大数据中心职能的复杂性，决定于年初使用三维绩效计划管理法，是指建立目标任务、核心业绩指标和综合评价三个维度的绩效计划指标管理体系，通过目标设置、关键绩效指标分解和综合评价，全方位规划各级工作绩效计划的方法，是落实各专业重点工作任务、明确核心关键业务目标的重要工具。

三维绩效计划管理法的实施步骤包括：分解年度重点工作任务指标、确定核心业绩指标、确定综合评价指标、构建绩效计划指标管理体系。

（一）分解年度重点工作任务指标

根据中心年度工作会议部署，罗列会议中提出的年度工作，对其进行归总分类，明确每一类重点工作完成所需的时间、归属的责任部门和牵头负责人。例如推进外部数据归集任务，具体内容涉及建立外部数据统一纳管和共享服务机制，完成气象、地图、能源、工商等 9 类数据的获取与数据接入，常态化支撑公司各单位外部数据共享及应用需求。此任务需要数据分析中心和技术支持中心双部门支持，确定最终完成时间，最终形成数据分析中心 19 项重点工作任务，示例见表 7-12。

表 7-12　　　　数据分析中心 19 项重点工作任务示例

序号	部门	内容	牵头领导	责任部门	完成时间
1	大数据中心	持续推进外部数据归集	程 ×	数据分析中心（牵头）、技术支持中心	× 年 × 月
2		设计发布公司数据标签体系	程 ×	数据分析中心	× 年 × 月
3		完成总部数据标签库相关组件建设	程 ×	数据分析中心	× 年 × 月
……		……	……	……	……

针对上述每项重点工作，各部门根据规定项目完成时间进行分解，例如数据信息归集需要四个季度，根据项目进行时间或所需时间以及重要程度进行排列，制订季度分解计划，明确评价标准示例，具体见表 7-13。

表 7-13　　年度重点工作季度分解计划示例

牵头责任部门	年度重点工作任务	牵头领导	季度分解计划			
			季度	工作内容	预期目标	完成时间
数据分析中心	持续推进外部数据归集。建立外部数据统一纳管和共享服务机制。完成气象、地图、经济、能源、工商等 9 类数据的获取与数据接入。常态化支撑公司各单位外部数据共享及应用需求	程 ×	一季度	开展外部数据管理办法编制工作；开展外部数据采购项目储备工作；推进与中国测绘科学研究院、中国气象局等外部单位战略合作协议签订工作；开展外部数据共享服务能力建设工作	完成外部数据采购项目储备汇报工作；完成中国测绘科学研究院、中国气象局、国家基础地理信息中心等单位战略合作协议签订工作；完成外部数据共享组件的开发和内部测试	3 月底
		程 ×	二季度	开展公司存量外部数据的沟通和接入工作，开展新增外部数据的获取和接入工作；开展外部数据相关国家部委的沟通交流工作	完成气象、地图、经济等 9 类数据 5 项外部数据的获取和接入；完成外部数据接入中台的技术方案和安全方案	6 月底
		程 ×	三季度	持续开展存量和新增外部数据获取接入工作；推动战略合作协议内容落地，建立电力数据对外共享机制。在获取外部数据资源的同时，有选择性地向战略合作签订单位提供电力大数据共享	建立外部数据统一纳管和共享服务；建立电力数据对外共享机制	9 月底
		程 ×	四季度	持续开展存量和新增外部数据获取接入工作；开展统筹采购外部数据的数据验证和接入存样工作；完成外部数据资源目录建设。全部外部数据以资源目录形式在“数智国网”进行上架。常态化支撑公司各单位外部数据共享和应用需求	完成气象、地图、经济等 9 类数据 200 项外部数据的获取和接入，实现外部数据共享常态化运营	12 月底

（二）确定核心业绩指标

各部门采用“鱼骨图”分析法确定核心业绩指标，首先根据年度和季度的部门业务重点，确定哪些因素与公司业务相互影响；确定业务标准，定义成功的关键要素，分析实现业务重点所需的策略手段。最终形成目标值和评价标准，经分管领导审核后报绩效办公室确定，示例见表 7–14。

表 7–14　　数据分析中心年度核心业绩指标示例

指标名称	指标定义（考核要素）	目标值	分值（合计 35 分）	评价标准	数据来源（考评依据）
数据应用任务完成率	重点考核数据分析应用、成果评估共享等情况，提升辅助决策、精益管理的支撑服务水平。对年度承担数据应用任务完成情况进行综合评价。数据应用任务完成率 =0.5× 监测分析任务完成率 +0.5× 大数据应用任务完成率	98%	4 分	完成目标值的指标分值为 100%，根据以下因素减分，最多减至 0 分：（1）数据应用任务完成率未达到目标值的，每降低 1%，减指标分值的 1%；（2）未按照质量、进度要求完成监测分析、大数据应用等工作任务，每项任务减指标分值的 2%	互联网部考核结果
商务拓展任务完成率	重点考核大数据增值变现、能源生态网建设情况。提高大数据业务和商业模式创新能力。对年度承担商务拓展任务完成情况进行综合评价。商务拓展任务完成率 = 按期完成的商务拓展任务数量 ÷ 自身承担的商务拓展任务数量 ×100%	98%	4 分	完成目标值的指标分值为 100%，根据以下因素减分，最多减至 0 分：（1）商务拓展任务完成率未达到目标值的，每降低 1%，减指标分值的 1%；（2）未按照质量、进度要求完成创新研究任务或商务拓展任务，每项任务减指标分值的 2%	互联网部考核结果
电力物联网任务完成率	重点考核电力物联网建设任务完成情况，提升建设支撑能力。对年度承担电力物联网工作完成情况进行综合评价	100%	3 分	完成目标值的指标分值为 100%，根据以下因素减分，最多减至 0 分：电力物联网任务完成率未达到目标值的，每降低 1%，减指标分值的 1%	
……	……	……	……	……	……

（三）确定综合评价指标

确定领导评价部门的四个综合评价指标，形成绩优部门画像，具体见表 7–15。

确定部门互评的四个综合评价指标，塑造内部协同配合的工作氛围，具体见表 7-16。

表 7-15　　部门综合评价指标及评价标准

综合评价指标	评价标准
政治素质	政治立场坚定，深入学习贯彻习近平新时代中国特色社会主义思想。牢固树立“四个意识”、坚定“四个自信”、坚决做到“两个维护”，在思想上、政治上、行动上同以习近平同志为核心的党中央保持高度一致，贯彻公司党组决策部署坚决有力，严守党规党纪、严格落实党建责任制，全面从严加强党的思想、组织、作风、反腐倡廉和制度建设，充分发挥党组织领导核心和政治核心作用、战斗堡垒作用和党员先锋模范作用
管理水平	坚定不移贯彻公司和部门发展战略，不断深化改革，破解发展难题，勇于开拓创新，业务管理水平和工作质量不断提升；坚持民主集中制，“三重一大”事项坚持集体讨论决定，广泛听取各方面意见
队伍建设	民主意识强，部门内畅所欲言，凝聚共识，坦诚开展批评和自我批评；班子分工明确，配合默契，运转高效，班子整体功能充分发挥；重视队伍建设和人才培养，知人善任、人尽其才，建设素质优秀、结构合理、作风过硬的员工队伍，统筹抓好系统内本业务人才队伍建设
作风形象	贯彻落实中央八项规定精神和公司实施细则，部门负责人深入基层，关心关爱员工，员工主人翁作用充分发挥，贯彻“三严三实”要求，求真务实、真抓实干；健全廉洁从业各项制度规定，规范员工从业行为，没有违规违纪违法现象

表 7-16　　部门互评指标

综合评价指标	评价标准
管理规范	熟悉相关业务政策理论和专业管理，专业规章制度健全，工作流程科学规范，管理要求清晰具体；善于根据环境条件变化及时调整工作方向，破解发展难题，大胆创新，业务管理水平和工作质量不断提升
协同配合	坚持从企业改革发展大局出发谋划和推动工作，善于优化资源配置，协调各方力量。发挥整体合力，有序组织实施；大局意识、配合意识强，分工不分家，勇于承担协同任务，积极配合其他部门开展工作，在推动企业整体发展中发挥重要作用
沟通服务	与上级沟通充分顺畅，准确把握上级工作意图，及时反映执行问题、提出意见建议；与部门外部关系良好、沟通主动顺畅，服务意识强；部门内部分工合理，协调一致，积极营造和谐的工作氛围
工作效能	贯彻党委决策部署坚决有力，执行力强；工作统筹计划性强，进度安排合理，能以较快的速度完成各项任务，并占用相对较少的人、财、物资源；工作亮点多或者有重大突破，没有明显的工作失误，取得突出的工作成果

（四）构建绩效计划指标管理体系

以数据分析中心主要职责为基础，结合上述重点工作任务指标、核心业绩指标和综合评价指标三个维度的绩效计划指标设计，分配不同权重，明确绩效计划考核重心。最终以重点工作任务指标占比 45%，核心业绩指标占比 35% 和综合评价指标占比 20% 的加权计算部门考核结果。绩效管理委员会与部门进行沟通后，组织签订部门绩效责任书，最终形成绩效计划。

实施效果

大数据中心绩效计划通过运用三维绩效计划管理法，制订了科学实用、可操作性高和针对性较强的绩效计划，构建全方位的绩效计划指标管理体系，推动中心发展战略落地。既有效融合公司管理要求与大数据业务发展需求，同时将企业发展与队伍建设更紧密地结合在一起，有效提高了大数据中心的管理效率和绩效计划质量，充分调动了员工的积极性，同时注重内部协同和学习成长，使队伍发挥出更多潜力。

案例总结

像大数据中心这样兼具职能和业务的单位或部门，在进行绩效计划指标管理体系设定时，不能单纯地使用某一种方法，必须通过多角度或多维的方式建立，其中三维绩效计划管理法是提高管理和业务双职能较为合适的一种方法。

三维绩效计划管理法适用于兼具管理职能和业务实施职责的各级单位对组织进行绩效计划管理。在使用该方法时，有以下几点需要注意：首先，各部门在进行计划过程中需以公司整体战略为导向，突出重点与关键，层层分解落实到部门和岗位，确保各部门、各岗位工作目标与组织战略协调一致。其次，指标设定强调重点工作任务和核心业绩，指标设计遵循二八原则。最后，绩效计划指标管理要兼顾长期目标与短期任务，确保稳定性与灵活性。并且考核指标的设定在一定周期内应保持稳定，但遇到企业发展战略、外部环境、上级单位部署发生较大变化时，需及时修订部门、员工绩效计划指标管理体系。

六、KPI+OKR 组合式考核法——提升项目型 + 产品型复合型团队工作业绩

情景导入

老赵是河北省石家庄市某公司人资部的负责人，某月公司决定在全公司推行绩效考核。在接到该任务后老赵开始调查一线员工的基本情况，并与部分员工进行谈话，最终确定了关键绩效指标（KPI）的考核方式。公司大多数人对该考核方式的响应都很积极，工作效率也提高了很多。然而，最近老赵又有了新的困扰，生产和研发复合型团队的负责人最近频频找到老赵，反映 KPI 的考核方式对于他们部门并不适用，关键绩效指标的考核周期与生产和研发复合型团队的项目周期不一致，并且 KPI 是以完成目标为导向的考核方式，对于员工创新以及市场敏锐度会有一定的遏制作用，起不到激励效果。

问题分析

该公司的主要业务包含供电和通信业务，即生产型和产品研发型两种，生产型团队以项目进度、成本、质量为导向，产品研发型团队以产品输出为导向。对于“项目型 + 产品型”复合型团队，单独运用 KPI 考核无法有效评估生产型团队的定量产出与产品研发型团队的定性产出，对绩效考核想要达成的激励作用更是难以实现。因此，对于复合型团队的绩效考核需要探索更多的考核方法。

解决方案

老赵对生产型团队和产品研发型团队进行了重点调查和访谈，决定在生产型和产品研发型团队中实行 KPI+OKR 组合式考核法，KPI 即关键绩效指标，是一种衡量员工绩效表现的量化指标，与员工的绩效考核相关联，OKR 是目标和主要成果法，是一种目标管理工具。以 KPI 分解设定复合型团队的总体目标，并进一步分解出生产型团队的考核指标和产品研发型团队的核心目标，并在传统 KPI 评估关键业绩的基础上，通过 OKR 精准衡量生产和研发复合型团队的关键任务达成情况。

（一）KPI 目标设定与分解

1. 运用目标管理设定目标：将组织层的目标分解至部门，形成组织绩效考评体系，各部门再将绩效考核内容进一步分解，落实到团队与项目。各部门进行自下而上的目标汇集，每位员工根据工作内容或岗位设定自身目标，并与绩效经理人确认。根据公司的战略目标和业务重点，层层分解出公司指标、部门指标、项目指标以及岗位指标，如图 7–8 所示。其中，项目指标通过项目团队实现，包括业绩指标（权重为 80%）和个人发展指标（权重为 20%）。

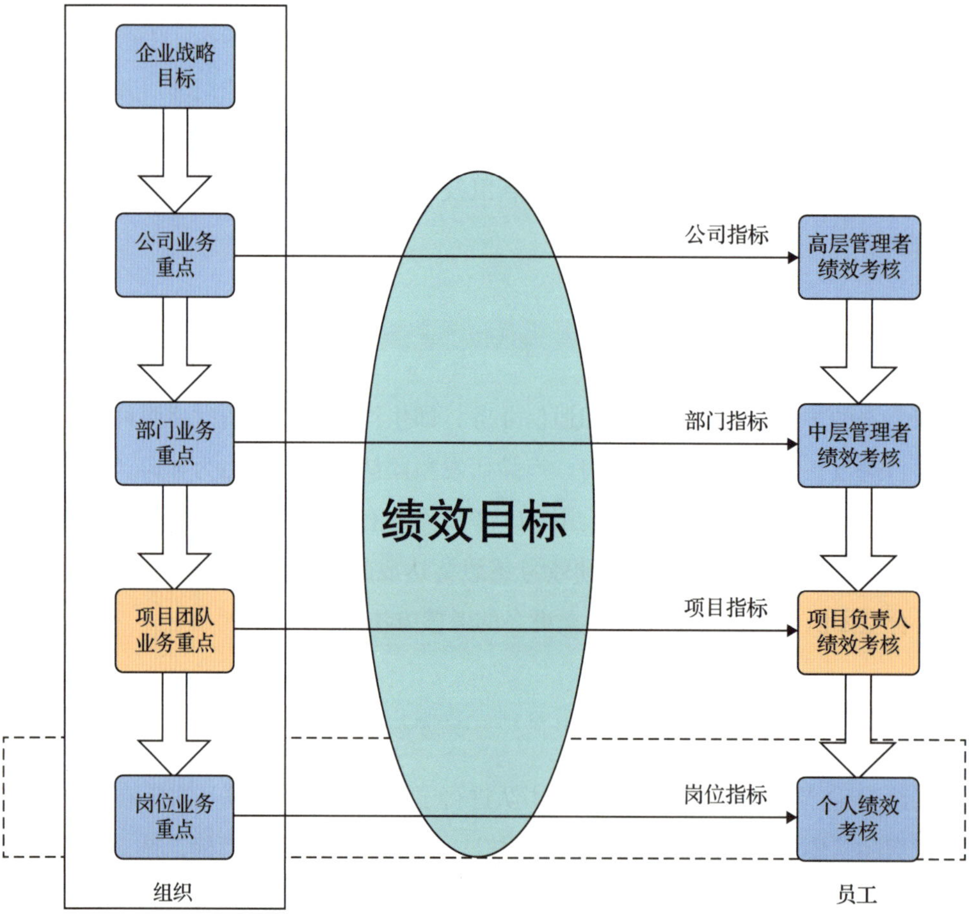

企业战略目标
公司业务重点
部门业务重点
项目团队业务重点
岗位业务重点
组织
绩效目标
公司指标
部门指标
项目指标
岗位指标
高层管理者绩效考核
中层管理者绩效考核
项目负责人绩效考核
个人绩效考核
员工

图 7–8　绩效目标体系

2. 基于平衡计分卡分解目标：基于平衡计分卡，将业绩指标主要分为财务、客户、内部业务流程、学习与成长四大指标，该方法可以将组织战略落实为可操作的衡量指标和目标值。个人发展指标根据团队成员角色设计管理行为指标和员工发展指标。根据子团队性质不同，分解生产型团队的考核指标和产品研发型团队的核心目标（不超过 3 个）。

3. 设定生产型团队考核指标。基于财务、客户、内部业务流程、学习与成长四大指标，生产型团队成员在上级管理人员的指导和帮助下，根据岗位类型有针对性地选择符合本岗位的业绩指标，制定个人工作目标，此类指标权重为 75%~95%；同时依据个人职业生涯规划制定个人发展指标，其中管理人员偏重管理行为指标，员工偏重员工发展指标，此类指标权重为 5%~25%。具体示例见表 7–17。目标分解清晰后转化为工作内容和岗位职责，并签订个人绩效合约。

表 7–17　　生产型团队考核指标示例

一级指标	二级指标	三级指标
业绩指标	财务	目标利润完成率
		签单完成率
		……
	客户	新产品市场占有率
		新客户获得率
		……
	内部业务流程	项目进度偏差率
		产品转换率
		……
	学习与成长	员工离职率
		员工满意度
		……
个人发展指标	管理行为	工作计划偏差率
		下属绩效辅导次数，辅导后工作任务效率和质量提升情况
		……
	员工发展	个人学习计划达成率

4. 设定产品研发型团队核心目标。为支撑业绩指标达成，产品研发型团队提炼出完成科技成果指标、保证产品安全质量和完成重点工作三个核心目标，团队成员依据岗位角色和职责划分拆解为各子目标。具体示例见表 7–18。

表 7–18　产品研发型团队核心目标示例

核心目标	子目标
完成科技成果指标	完成 × 项软件著作权
	完成 × 篇核心期刊论文发表
	……
保证产品安全质量	项目阶段成果验收合格率达 ×% 以上
	出厂测试缺陷率低于 ×%
	……
完成重点工作	代表公司进行外部专业交流
	制作培训课件、案例等，经采纳后推广应用
	……

5. 目标考核。对生产型团队成员依据个人绩效合约进行目标考核，由团队负责人负责整体考核流程，按照“考核评价、考核结果汇总、结果公示、绩效申诉、考核兑现、绩效改进”执行闭环管理。

（二）OKR 目标设定与管控

1. OKR 目标设定。由项目负责人带领团队中的产品研发人员依据 KPI 分解的目标，拆解各个阶段的子目标。每个月月末的总结月度例会由项目负责人带领团队成员讨论确定下个月的目标，一般先分组讨论再集中讨论，然后选出可行且合适的目标。

每个月的讨论结束后，由直接小组负责人或者直接主管帮助被考核人确定个人目标。

2. 目标执行。每个月的目标执行过程中要进行目标监控，从团队到个人的目标和关键成果均是公开的，可供大家监控并用于月末讨论，确定下个月方案。

3. 过程评估。每个月月初上报上个月个人及团队的目标实现情况（OKR 是敏捷管理，所以月度考核就必须进行月度汇报及调整），每月重复如上流程。具体内容见表 7–19。

表 7–19　　　　过程评估

目标树	负责人	目标	目标进度	关键成果	目标值	完成值	完成比例
	黄 ×	（个人目标）（权重 50%）提升方案输出能力	100%	整理需求评审的相关意见，形成模板	100%	100%	100%
				一次性通过公司需求评审	100%	100%	100%
				根据部门和公司的需求评审意见，完善国网电子身份库的原型设计	100%	100%	100%
	黄 ×	（个人目标）（权重 50%）提升原型设计输出能力	100%	完善权限功能优化试点 Web 端原型设计	100%	100%	100%
				完善权限功能优化试点移动端功能原型设计	100%	100%	100%
				整理原型设计过程中相关问题、成果和经验	100%	100%	100%

实施效果

在实施当月月底，产品研发型团队采用 OKR 绩效改进模式，基本完成了设定的各项关键成果，之后对未完成目标的团队成员进行考核处理且制订了改进计划。全体团队成员对于使用 KPI+OKR 组合式考核法非常认可，团队的目标更加聚焦，并且保持了目标的主次分明、层次有致，让整个团队的工作更加协调，保持了方向和行动的一致。在实行的过程中，目标由员工参与制定可以极大激发创新和创意，鼓舞士气，提高员工主动性，同时实现绩效的考核激励效果。生产型团队在当月月底顺利完成生产目标并实现了 3.51% 的增长。

案例总结

本案例中老赵通过采用KPI+OKR组合式考核法，实现了“促进绩效生产+评估绩效结果”的效果，能够在KPI评估关键业绩结果的基础上，采用OKR精准衡量产品研发型团队的关键任务达成的情况，帮助生产型和产品研发型团队成员聚焦目标，有效地激励团队效益最大化。

该考核方式适用于生产型和产品研发型并存的组织。

在使用该方法时，需要注意以下几点：首先，KPI的制定应当围绕企业发展战略目标自上而下层层分解、层层递进。其次，目标和关键成果的设定不应过多，一般来说每个季度设定1~5个目标，每个目标设定不超过4个关键成果，应用时可根据研发团队自身的特性进行调整。再次，关键成果的设定是自下而上的，设定时应避免时间过长，要确保可以随时检查中期进度，所有的关键成果必须有明确的负责人。最后，KPI与OKR应组合使用，KPI用来评估员工绩效结果，OKR作为过程管理工具对关键目标进行评估。

七、“分定积兑辅”——优化积分制考核

情景导入

新年假期后，赵庄变电运维班组也照常开工了，但运维班组兼职绩效管理员的小王却心事重重。原来，新的一年来到，小王又要面对各项繁重的考核任务，班组过去一直采用积分制考核，但现如今，工作事项一年比一年多，绩效考评的工作量一年比一年大，小王在这项工作上花费的时间也越来越多，挤压了小王完成其他工作的时间，但该项工作在积分上体现又不明显。小王时常向班组张班长抱怨，张班长说这项工作也增加了他的工作量，他也没办法。很多工作的任务量是根据工作计划安排的，而且任务量不同积分也不同，导致最终积分值差距较大。因此，很多员工都来向张班长询问自己积分值低的原因。怎么才能既减轻考评的工作量，又发挥考评的激励作用呢？张班长和小王很是头痛。

问题分析

目前的积分制考核，对工作量化有充分体现，但随着业务的丰富，所承担的任务

与业务越来越多，需要用积分量化的工作也越来越多，在没有系统支持的情况下，积分的量化分解与统计分析需占用大量工作时间，且积分设置只重工作量，而在劳动时间上体现不充分；同时，有些性质的工作，本身工作量并不大，在目前只重数量的考核下，从事该性质工作的员工在积分上很吃亏。目前的积分制考核在积分标准上没有分类，对工作时间与难易程度也没有充分体现，因此员工觉得不公平，影响员工对部分工作的积极性。

解决方案

张班长带着小王一起开会，商量对策，最终确定采用“分定积兑辅”的步骤来优化目前的积分制考核，以减轻考评工作量，合理体现员工价值，激发员工工作积极性。什么是“分定积兑辅”呢？具体见图 7-9。

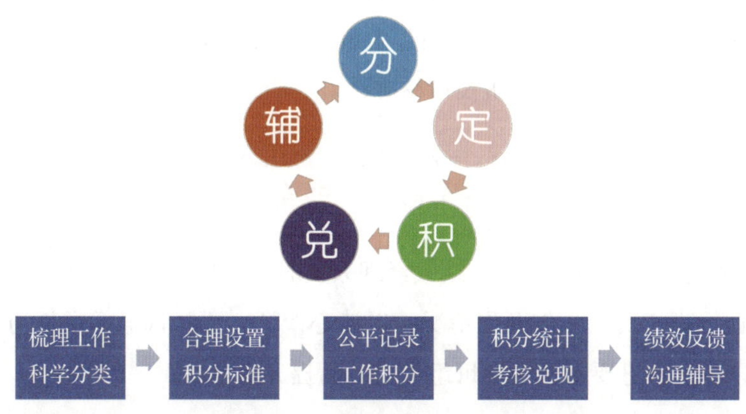

图 7-9　解决方案示意图

“分”指梳理工作、科学分类。以班组核心工作为主，统筹考虑员工工作能力、岗位贡献、工作质量和成效、个人素质提升等因素，将运维班组工作划分为常态化工作、运维工作、专项奖励三部分，详见表 7-20。

表 7-20　　工作积分分类

维度	积分类别	积分项目
维度一	常态化工作积分	变电站常态化工作，采取定额积分，采取完成质量扣分法进行积分考核
维度二	运维工作积分	完成倒闸操作、隐患消除、工作票许可等运维工作任务，根据角色、任务难度等多维度考核积分

续表

维度	积分类别	积分项目
维度三	专项奖励积分	科技创新：获得专利授权、科技成果、QC 成果、五小创新等
		竞赛调考：各类竞赛、调考获奖等
		素质提升成果：学历、职称、技能等级提升等
		班组管理：合理化建议、典型经验被上级采纳，新闻宣传获奖，其他贡献奖励等

“定”指合理设定积分标准。根据班组管理制度和工作分类，集体讨论确定积分项目对应的积分标准。以公正合理为原则，设定具体积分统计规则。将班组管理要求细化量化为具体的积分标准，合理衡量员工贡献。

“积”指公正记录工作积分。常态化工作积分由班长根据员工月度常态化工作完成情况和完成质量登记得分。运维工作积分由班组兼职绩效管理员登记填报，班组长审核。专项奖励积分由员工申报，班长审核确认。

“兑”指积分统计，考核兑现。每月月底，班组兼职绩效管理员汇总统计积分结果，班组长审核，班组人员确认签字并留存。

“辅”指绩效反馈，沟通辅导。绩效经理人及时反馈班组员工绩效考核结果。同时绩效经理人根据班组员工工作开展情况，以谈心谈话、面谈沟通等灵活方式，掌握员工工作动态，提出改进要求，帮助班组员工不断提升自己。

班组“分定积兑辅”积分制考核运行一段时间后，对考核工作进行总结分析，同时根据班组工作，动态修改积分标准库，并不断完善。具体案例见表 7–21。

表 7–21　　积分统计情况表　　单位：分

员工	常态化积分	运维工作积分			专项奖励积分	积分汇总
		操作积分	工作票积分	隐患和缺陷积分		
A	100	18.6	10		8	136.6
B	98	18.6	8			124.6
C	95	18.6	9			122.6
D	100	15.6	9	5		129.6

续表

员工	常态化积分	运维工作积分			专项奖励积分	积分汇总
		操作积分	工作票积分	隐患和缺陷积分		
E	95	16.8	9	4		124.8
F	100	15.6	8			123.6
G	95	16.8	8	4		123.8
H	98	13.8	8	5		124.8
I	98	14.8	8	3		123.8

实施效果

通过“分定积兑辅”的步骤优化积分制考核以后，一方面，积分统算工作量大幅减少，小王每天只需花费十几分钟统计运维工作积分，张班长和小王有更多的精力投入到班组工作中，同时积分更科学、合理，员工对积分结果认可度显著提高；另一方面，重新设置了专项奖励积分标准，员工参与班组建设和创新工作积极性明显增强，班组业绩显著提升。

案例总结

本案例通过“分定积兑辅”的步骤优化积分制考核，对积分工作进行科学分类，考虑工作任务的数量与性质，在此基础上合理设置计分标准，解决了过去只考虑工作量，没有充分考虑工作时间、难易程度与工作频度的问题，从而更好地发挥了考核的激励作用。

该考核方式适用于变电运维等一线业务班组。

在使用该方法时，需要注意以下几点：首先，积分过程中应强化工作完成质量考核，避免由于工作积分简化带来的工作质量下降。其次，积分标准要全面、合理、细致。制定积分标准时要通过班组民主决策，使考核更加公开、公平、公正。最后，要建立完善的班组管理制度，使考核有理、有据、有力。同时，结合班组阶段性工作重点和班组管理现状动态，完善积分考核标准，发挥好考核的指挥棒作用。

八、非常规工作增量定价考核法——打破“多干多扣”绩效“魔咒”

情景导入

6月月末，全市范围内突发大暴雨，持续了好几天，造成了多处电力线路故障，这次的应急抢修工作由小王、小李等人负责。这项工作任务重、强度大，他们经常加班加点，废寝忘食。然而在绩效考核分数公布时，他们发现自己的分数和其他人没什么差别，十分生气，且最初他们也不太愿意接这项工作，领导做工作后，他们几个年轻人才接下。于是他们一行人来到绩效经理人老赵的办公室，准备讨要一个说法，老赵听完他们的抱怨后，明白了事情的来龙去脉。他开始反思日常的考核评价，发现非常规工作任务和日常工作任务用同一套标准进行考核，确实存在不合理之处。老赵的当务之急是设计出一个针对像应急抢修这类非常规工作任务妥善的考核评价方案，不然下次再遇到这种非常规工作任务，都没人愿意做了。

问题分析

造成小王、小李等人绩效考核结果差的原因在于他们承担的非常规工作任务存在很多的不确定性，出错的概率较大，因此在绩效考核时，就容易被扣分，“干得多，扣得多”的现象屡见不鲜，最后就会引发员工对非常规工作任务的抵触情绪，这背后的本质原因在于非常规工作任务缺乏科学完善的绩效考核体系，对于非常规工作任务的完成情况无法准确衡量并给予奖励，走入了多干多错的误区。要解决这个问题，需要将绩效考核体系进一步优化。

解决方案

老赵与公司领导一起商议，提出了针对性的解决方案——非常规工作增量定价考核法，对于管理部门承担的各项非常规工作任务，按标准进行模拟市场定价，根据任务完成质量，给予承担部门额外激励。具体的操作流程如图 7–10 所示。

图 7-10　解决方案

（一）定义非常规工作任务范围

公司根据年度重点工作任务和全年工作开展情况，定期采用公司下达、部门申报相结合的方式，经公司绩效管理委员会批准，前后共确定了包括优化营商环境提升供电服务水平专项工作、重大活动供电保障、三项制度改革等 22 项非常规工作任务。

（二）模拟市场定价

公司绩效管理委员会综合考虑任务的难易程度、时间跨度、任务来源级别、内部价值等因素，对各项非常规工作任务进行分类评价和模拟市场定价。模拟市场定价分别为：一类任务为 4 万 ~5 万元、二类任务为 3 万 ~4 万元、三类任务为 2 万 ~3 万元、四类任务为 1 万 ~2 万元，见表 7-22。

表 7-22　　非常规工作任务分类评价和模拟市场定价表

任务名称：				
任务内容：				
要素分级	难易程度	时间跨度	任务来源级别	内部价值
Ⅰ	艰难□	1 至 3 个月□	国家级□	高□
Ⅱ	困难□	4 至 6 个月□	国家电网有限公司或省政府级□	较高□
Ⅲ	较难□	半年至一年□	省公司或地市政府级□	一般□
Ⅳ	正常□	一年及以上□	公司级□	低□
任务得分情况：				
任务分类情况：				
模拟市场定价：				
评价规则： （1）公司绩效管理委员会针对任务实际情况，对相关任务的四项要素进行分级评价，在相应的方框内打对钩。 （2）每个Ⅰ级要素对应 30 分，每个Ⅱ级要素对应 25 分，每个Ⅲ级要素对应 20 分，每个Ⅳ级要素对应 15 分。 （3）得分 101~120 分的为一类任务，模拟市场定价为 4 万 ~5 万元；81~100 分的为二类任务，模拟市场定价为 3 万 ~4 万元；71~80 分的为三类任务，模拟市场定价为 2 万 ~3 万元；60~70 分的为四类任务，模拟市场定价为 1 万 ~2 万元。				

根据模拟市场定价规则，对22项非常规工作任务进行了差异化定价。22项非常规工作任务合计定价总额94万元。其中，三项制度改革定价4万元、优化营商环境提升供电服务水平专项工作定价4.5万元、重大活动供电保障定价4.5万元。

以优化营商环境提升供电服务水平专项工作为例，该工作难易程度为艰难、任务来源级别为国家电网有限公司或省政府级、时间跨度为4至6个月、内部价值为高。根据定价表，该工作合计得分为110分，为一类任务，根据定价区间和实际得分，定价为4.5万元。

（三）开展内部竞标

1. 部门负责人明确每项任务的竞标起止时间、主要内容、质量要求、考核标准、考核时间和竞标分值区间，发布工作任务。具体示例见表7-23。

表7-23　工作任务发布单

发布部门	人资部
发布人	杨 ×
竞标起止时间	2019年2月18日—22日
名称	重大活动供电保障
考核时间	2019年3月31日
竞标分值区间	0.5~1.5分（以0.1分递增）
主要内容	开展用电安全检查； 进行隐患整改； 向重大活动承办方、电力管理部门、派出机构报送电力安全保障工作情况
质量要求	按照各部门要求按时完成相关工作且无差错
考核标准	按时保质保量完成相应工作，得基准分 工作受到相关部门批评或考核，根据程度扣基准分的50%~100%

2. 部门员工根据3月工作情况和自身能力填报竞标单，竞标单需明确工作任务完成质量、工作任务考核时间和投标分值，具体见表7-24。

3. 部门负责人汇总竞标情况后，根据员工报价情况、工作负荷、胜任能力等，确定非常规工作任务负责人，具体见表7-25。

表 7–24　　工作任务竞标单

投标人	顾 ×
投标任务名称	重大活动供电保障
工作任务考核时间	2019 年 3 月 31 日
工作任务完成质量	3 月 8 日前完成用电安全检查； 3 月 15 日前完成隐患整改； 3 月 20 日前向重大活动承办方、电力管理部门、派出机构报送电力安全保障工作情况
投标分值	0.7 分

表 7–25　　工作任务负责人

统计部门	人资部	
统计及发布时间	2019 年 2 月 28 日	
工作任务名称	重大活动供电保障	
工作任务考核时间	2019 年 3 月 31 日	
竞标分值区间	0.5~1.5 分	
竞标人及竞标分数	顾 ×	0.7 分
	李 ×	1 分
	王 ×	1 分
	张 ×	1.5 分
	赵 ×	0.8 分
中标人及中标分数	顾 ×	0.7 分

（四）根据评价结果给予额外激励

根据工作进度与 3 月考核情况，额外激励金额 = Σ模拟市场定价 × 已经完成工作占比 × 评价得分 /100。3 月，顾 × 已经完成工作占比为 15%，评价得分为 98.25 分。根据计算公式，顾 × 的奖励为 0.66 万元。

实施效果

实施非常规工作增量定价考核法后，一方面，员工的工作积极性有了明显的提升，通过模拟市场定价和非常规工作任务竞标下达，员工在面对非常规工作任务时，不再相互推诿，形成了争先恐后的氛围。另一方面，合理拉开了考核差距，薪酬差距由实施前的 ±3% 以内提高至实施后的 ±30% 左右，逐步实现了将各种福利待遇向高分人群倾斜，激励“奋斗者”，刺激不作为员工。

案例总结

公司针对管理部门与员工实施了非常规工作增量定价考核法。通过定义非常规工作任务范围，模拟市场定价，开展内部竞标，根据评价结果给予额外激励，实现了非常规工作任务的精准考核，员工不再担心多干多错，考核从“增量”入手拉开了收入差距，有效破解了“多干多扣”的绩效“魔咒”。

本方法适用于非常规、非程序化工作较多的机关单位。

在运用非常规工作增量定价考核法时，需要注意以下几点：首先，部门非常规工作任务范围界定必须清晰明确，避免含糊不清；非常规工作任务模拟市场定价规则必须科学规范，需经过广泛的市场调研和内部评估，为防止员工争抢做非常规工作任务，而忽视本职工作，定价不宜过高。其次，部门非常规工作任务的额外激励总金额必须可控，一般不超过公司绩效工资总额的 5%~10%。最后，根据本单位实际情况制定非常规工作任务的范围和定价标准。

九、建立约束机制，加大绩效经理人薪酬分配权——促进绩效经理人履职能力提升

情景导入

老朱是国网河北省石家庄市某供电公司输电运维班组的班长，班组有班员 6 人，包括老员工 4 人，新员工 2 人。老朱本着稳定第一的原则，在班组实行 A 档轮流坐庄制，每月不论干多干少，干好干差，轮到谁就是谁，全年到手奖金总额不变。这一做法引起了新员工小王和小方的强烈不满，小王和小方作为输电运维班组的新员工，工作热情饱满，干劲十足，对于 A 档轮流坐庄制他们实在是难以接受，认为这种方式有失公平，A 档应该靠自己努力工作去争取，而轮流坐庄制，绩效考核形同虚设。这种制度极大地打击了他们的工作积极性，他们开始应付工作。

问题分析

绩效经理人本着稳定第一的理念，在班组的绩效考核中实行 A 档轮流坐庄制，导致绩效考核结果无法拉开差距，薪酬激励得不到落实，看似做到了班组内的表面公平，实际上却导致员工无心工作，工作积极性下降。公司领导发现这一现象后，决定采用“放权 + 约束”的绩效考核管理方式，加大绩效经理人的薪酬分配权，建立绩效经理人履职考核规范，并通过将履职情况与绩效考核挂钩的方式倒逼绩效经理人必须履约，提高了绩效经理人履职的主动性，让员工付出与收入成正比，提升了员工的工作积极性，解决了绩效经理人对下属不考核或者采取 A 档轮流坐庄制考核的问题。

解决方案

根据工作实际和管理需要，首先界定问题为绩效经理人履职不到位，导致绩效考核结果无法拉开差距，薪酬激励得不到落实，员工工作积极性无法得到提升；其次确定问题根源，分别从知识、态度、技能、环境 4 个层面进行分析；最后根据问题及原因明确了解决问题的方法工具为建立绩效经理人约束机制，加大绩效经理人薪酬分配权。

在实际操作过程中，首先，编制绩效经理人管理细则，重点针对绩效经理人月度履职情况，制定考核标准（见表 7–26），考核结果与绩效考核结果挂钩，充分赋予绩效经理人薪酬分配权，由原来的只有考核部分的薪酬分配权，加大至可分配下属员工月度绩效奖金；其次，将月度考核纳入组织绩效考核；再次，进行年度综合评价，最终将月度考核结果与年度综合评价结果纳入绩效经理人个人年度绩效考核评价。最后，绩效经理人对年度履职情况进行自我总结，履职优秀者再接再厉，履职较差者制定提升措施。解决方法流程如图 7–11 所示。

表 7–26　　考核标准

考核维度	考核标准
绩效经理人考核结果反馈及时性	反馈考核结果延期 1 天以内，扣 1 分； 反馈考核结果延期 1~2 天，扣 2 分； 反馈考核结果延期 3 天及以上，扣 3 分
考核结果层级规范性	月度考核 A 级比例超过 20%，扣 3 分
薪酬分配与绩效考核结果挂钩度	未对同等级绩效结果拉开层级的，扣 1 分； 考核结果 A 级员工的平均绩效奖金与绩效奖金平均水平倍比低于 1.15，扣 2 分； 考核结果 C 级员工的平均绩效奖金与绩效奖金平均水平倍比高于 0.95，扣 3 分

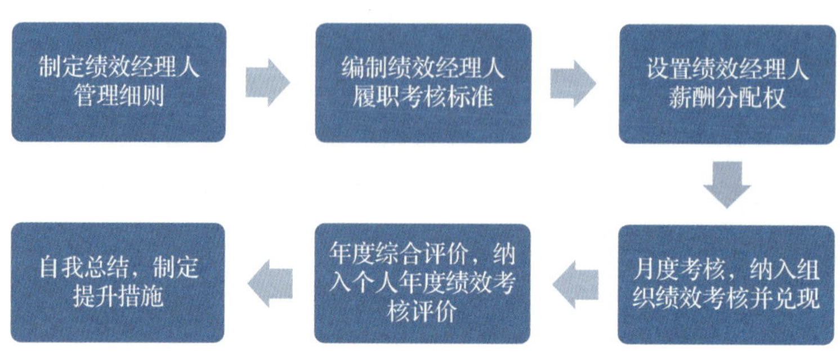

图 7-11 解决方法流程

实施效果

通过采用“建立绩效经理人约束机制，加大绩效经理人薪酬分配权”的绩效管理方式后，建立了绩效经理人考核标准，将月度考核结果与年度综合评价结果纳入所在部门的组织绩效考核。一方面真正改善了绩效经理人履职不力的情况，通过约束，要求绩效经理人必须履约，通过加大薪酬分配权，提高绩效经理人履职的主动性；另一方面真正做到让员工干的多拿的多，干好即奖，干坏则罚，使员工的工作积极性得到有效提升。

案例总结

本案例通过“建立绩效经理人约束机制，加大绩效经理人薪酬分配权”的方式，既通过约束机制倒逼绩效经理人必须履职，又通过薪酬分配权力的下放加强员工管理，解决了绩效经理人不考核以及员工从高积极性到逐步应付工作的问题。

此考核方式可用于绩效考核结果拉不开层次、薪酬激励效果差的部门和班组；也适用于绩效经理人对下属不考核，或者考核实行 A 档轮流坐庄制，薪酬激励无法发挥效果，员工工作积极性缺失的部门和班组。

在使用该方法时，需要注意以下几点：首先，制定绩效经理人月度评价标准要注意征求绩效经理人的意见，评价标准结合单位实际制定，操作性要强。其次，赋予绩效经理人的薪酬分配权一定要充分，以将薪酬激励有效落实。最后，绩效经理人的月度考核与年度综合评价占个人年度绩效考核评价的比例要适当。

十、“事前沟通、事中确认、事后反馈”的全过程绩效沟通法——化解班组融合管理难题

情景导入

小君原来是河北省A服务站的一名普通员工，A服务站管理较为宽松，绩效考核基本就是走形式，小君工作也是马马虎虎，乐得个轻松自在。最近由于公司组织架构变动，A服务站并到了B供电所，B供电所管理一向比较严格，合并以后，所长老李做的第一件事情就是对全体员工宣贯新的绩效考核管理规定，特别是对小君这样的员工，老李还在实施规定前与其进行了面对面沟通，对细则进行了阐释。小君虽然嘴上不说什么，心里却一直比较抵触。但绩效考核如果无法统一，不仅工作落实困难，还会影响内部团结，老李也一直在思考怎样做才能让新加入的成员快速适应新的管理模式，有序推进供电所工作落实。

问题分析

班组融合管理面临着诸多问题，新加入员工面对新领导和由松到紧的新管理模式，心理上难免不适应，对执行新规定积极性不高，一定程度还会影响到班组内的其他员工。所以，作为融合班组的领导，如何通过全方位的沟通让新员工快速适应新的管理模式，并确保其对绩效管理制度的公平、公正、公开、透明性有一个清楚的认知显得极为重要。这也是树立领导管理权威，落实任务安排，提升班组凝聚力的重要方式之一。

解决方案

绩效沟通与反馈是绩效管理中重要的一环，在融合班组这样复杂的管理背景下，可采用“事前沟通、事中确认、事后反馈”的全过程绩效沟通法（见图7-12），避免矛盾激化，让班组成员快速适应新的管理模式，明确相应的工作谁来做、如何做、做到什么程度，以及工作任务考核什么、如何考核、考核结果如何用等，助力班组工作有序推进。

在实施统一的绩效管理之前，所长老李与新员工进行了事前沟通，就目前供电所实行的绩效管理方案进行了详细解释，并在微信群里进行公示。大家确认清晰了解

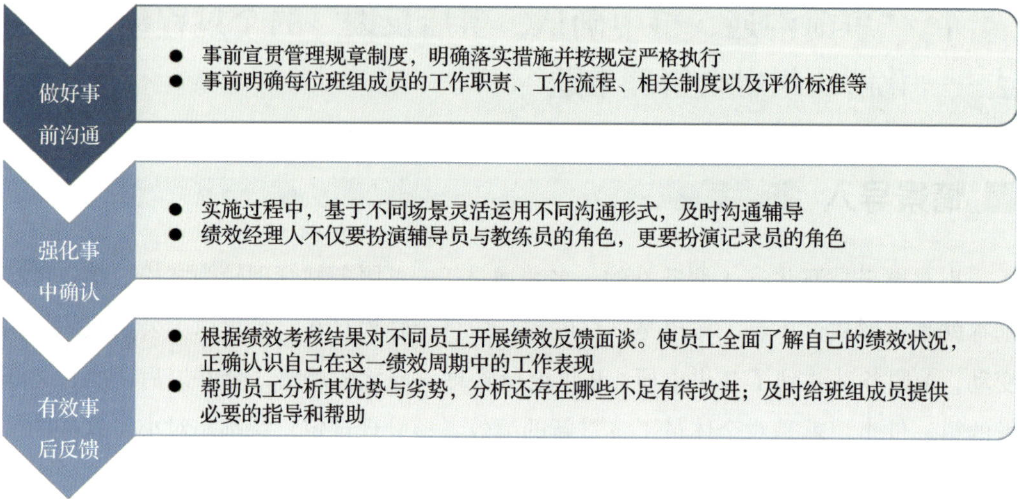

做好事前沟通
- 事前宣贯管理规章制度，明确落实措施并按规定严格执行
- 事前明确每位班组成员的工作职责、工作流程、相关制度以及评价标准等

强化事中确认
- 实施过程中，基于不同场景灵活运用不同沟通形式，及时沟通辅导
- 绩效经理人不仅要扮演辅导员与教练员的角色，更要扮演记录员的角色

有效事后反馈
- 根据绩效考核结果对不同员工开展绩效反馈面谈。使员工全面了解自己的绩效状况，正确认识自己在这一绩效周期中的工作表现
- 帮助员工分析其优势与劣势，分析还存在哪些不足有待改进；及时给班组成员提供必要的指导和帮助

图 7-12　解决方案

并在绩效合约上签字同意以后，即表明已清楚所有考核事项并认可，一旦出现问题就要承担相应责任，所长强调将会不定期去现场检查工作情况。具体评分考核表见表 7-27。

表 7-27　　评分考核表

考核维度	考核内容	评分标准
通用考核细则	劳动纪律	上班不签到扣 0.5 分 / 人次，迟到早退扣 1 分 / 人次，旷工扣 3 分 / 天； 工作时间不干与工作无关的事，一经发现一次扣 2 分； ……
	值班管理	值班人员在值班记录上签字，缺一次扣 0.5 分，脱岗，扣 2 分 / 次； 换班、代班须经所长同意，否则按脱岗处理；
	……	……
客户经理	安全用电及巡视、维护工作	安排巡视即安全隐患排查，未按时、按质完成的扣 2 分 / 次； 一、二级保护器私自退出运行的扣 20 分，失灵的扣 5 分； ……
	施工现场及工器具管理	“两票”不合格，扣 2 分 / 张，发现安全违规，扣 2 分 / 次； 施工时由于器具未带全一次扣 1 分； ……
	……	……

所长老李在日常巡查中发现某一台区的一、二级保护器私自退出，但是负责的新员工小君未及时发现。第一次发现错误时，所长老李根据管理规定仅是对其进行了整改提醒。多次提醒仍不整改时，所长老李拍照公示，依照考核标准对小君直接扣 20 分，所在班组班长扣 10 分，分管副所长扣 5 分，并对扣分原因进行了说明。

考核结束后，所长老李主动找到小君进行沟通反馈，询问屡次犯错的原因，了解小君遇到的困难并给出改进意见。在铁血手腕的背后，所长老李听说扣罚 500 元会对小君造成生活上的压力，还自掏腰包进行了补贴。

实施效果

通过所长老李对“事前沟通、事中确认、事后反馈”的全过程绩效沟通法的灵活运用，新员工小君很快就适应了新的管理模式，一改往日懒散的工作作风，所里绩效氛围浓厚，员工从“要我做”转变为“我要做”，而且努力做最好。各项指标提升明显，管理和业务方面都得到了有效地提升。

案例总结

绩效考核不是简单的扣罚，绩效沟通与反馈也不是简单地告知考核结果。通过“事前沟通、事中确认、事后反馈”的全过程绩效沟通，新接触的员工有了适应阶段和缓冲空间，有效地避免了矛盾激化，有利于绩效管理的落地。

此考核方法适用于改建重组的一线班组或者进行绩效管理大变革的班组。

在使用该方法时，需要注意以下几点：首先，保证沟通反馈的完整性，事前的沟通是宣贯也是造势，事中的确认是指导也是提醒，事后的反馈是跟进也是善后，缺少其中任意一环都可能降低全过程绩效沟通法的效果。其次，实际操作时领导需要结合不同沟通反馈方式的优缺点，根据场合巧妙运用正式沟通和非正式沟通，善于通过现象挖掘本质原因，了解事情的背后真相，并为员工提供力所能及的辅导和帮助，科学把握绩效管理中的刚性与弹性，将管理规章制度于无形中渗透到每一位员工，形成一种良好的沟通反馈机制。最后，绩效沟通反馈是一门技术也是一门艺术。

十一、员工绩效反馈准备“六要素”——解决绩效反馈流于形式、效果不佳问题

情景导入

河北省某公司月度会议结束后，财务部王主任在办公楼下叫住了部门员工老李，王主任告知老李，他这个月绩效考核结果是 C。老李想知道得 C 的原因，但是王主任一时半会也说不出来，只好匆匆离开了。老李感觉摸不着头脑，他猜测王主任既然说不出评 C 的原因，那可能就是王主任随便评的，老李心里产生诸多想法。

事后，王主任自我反思，意识到自己绩效反馈准备不足，决心改变这个状况，于是对如何充分准备绩效反馈进行了深入学习和思考……

问题分析

案例中，王主任对绩效反馈准备工作缺乏了解，在绩效反馈中凭感觉行事，甚至直接应付了事，未能翔实、准确地反馈员工的绩效，造成反馈效果不佳。老李对绩效考核结果有疑惑，因无法得知其绩效落后的原因而乱加猜测，极易导致双方产生矛盾与冲突，更加无法针对问题进行改进。绩效反馈流于形式，核心原因是绩效经理人缺乏绩效反馈的理论知识和实战经验，绩效反馈准备不足。

解决方案

经过学习，王主任决定采用绩效反馈准备“六要素”法解决绩效反馈准备的问题。通过确定反馈人员、选择反馈方式（见表 7-28）、分析绩效结果、收集关键事件、整理突出业绩、查找提升要点等 6 个关键要素（见图 7-13），全面分析员工工作业绩、存在问题以及改进方向，以此加深对员工的了解，进一步提高绩效反馈的质量和效果。绩效反馈准备“六要素”法既是准备方法也是准备流程。

王主任根据绩效反馈准备“六要素”法，着手绩效反馈准备工作。

（一）确定反馈人员

绩效经理人根据需要对管理对象进行分析，确定绩效反馈人员。本次因老李绩效考核结果较差，故确定绩效反馈人员就是老李。

表 7-28 绩效反馈方式选择原则

反馈方式	主要形式	选择原则
正式反馈	一对一面谈、定期会议、定期报告等	（1）组织绩效反馈宜采用定期会议，以增强反馈的严肃性，体现创先争优的激励导向； （2）以下三种情形必须进行一对一面谈：年度绩效排名后 20% 的；因工作差错受到上级单位通报的；指标任务未完成影响所在组织绩效的
非正式反馈	走动式交谈、邮件（微信）沟通、电话交谈、非正式场合交谈等	根据员工喜好灵活确定

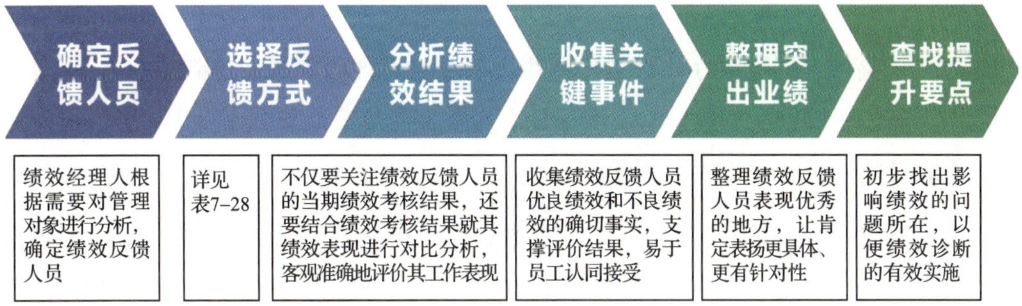

确定反馈人员	选择反馈方式	分析绩效结果	收集关键事件	整理突出业绩	查找提升要点
绩效经理人根据需要对管理对象进行分析，确定绩效反馈人员	详见表7-28	不仅要关注绩效反馈人员的当期绩效考核结果，还要结合绩效考核结果就其绩效表现进行对比分析，客观准确地评价其工作表现	收集绩效反馈人员优良绩效和不良绩效的确切事实，支撑评价结果，易于员工认同接受	整理绩效反馈人员表现优秀的地方，让肯定表扬更具体、更有针对性	初步找出影响绩效的问题所在，以便绩效诊断的有效实施

图 7-13 绩效反馈准备“六要素”

（二）选择反馈方式

根据员工个人特点和具体工作情况，合理选择反馈方式，包括正式反馈和非正式反馈两种。综合考虑老李的个人性格特点和月度绩效考核结果，王主任选择一对一面谈的正式反馈方式，助力绩效反馈工作更好地进行。

（三）分析绩效结果

结合近 3 个周期的绩效考核结果就绩效反馈人员的绩效表现进行对比分析，客观准确地评价绩效反馈人员在这段时间内的工作表现。老李前两个月的绩效考核结果都比较好，这个月绩效突然下降，因此可重点从外部环境的影响进行思考，是不是有什么特殊的情况影响他的工作？

（四）收集关键事件

关键事件包括绩效考核评估表、奖惩关键事件、突出工作业绩以及个人基本信息

等资料。基于老李绩效考核结果下降的情况，王主任收集与老李绩效相关的支撑资料，并进一步研究分析。

（五）整理突出业绩

整理绩效反馈人员表现优秀的地方，让表扬更具体、更有针对性。对照所收集的资料，王主任分析发现老李多年在财务系统工作，有较为丰富的专业知识积累，处理工作游刃有余，主要负责资金出纳及预算管理，在资金支付方面一直未发生问题。

（六）查找提升要点

初步诊断影响绩效的问题所在，以便绩效反馈有效实施。鉴于老李日常工作表现比较优秀，可重点从外部环境来查找原因。老李儿子上个月参加高考，他的主要心思都放在儿子高考上，造成好几次工作差错，资金支付准确率未能达到100%，这是老李业绩下降的主要原因。这也给王主任带来启发，在员工忙于个人重大事务、可能影响工作的时候，需提前采取预控措施。

经过上述分析，王主任做到了心中有数，对这次一对一面谈更有把握了。为确保万无一失，他又采用5W1H分析法（见图7-14），对绩效反馈准备工作进一步模拟检查。

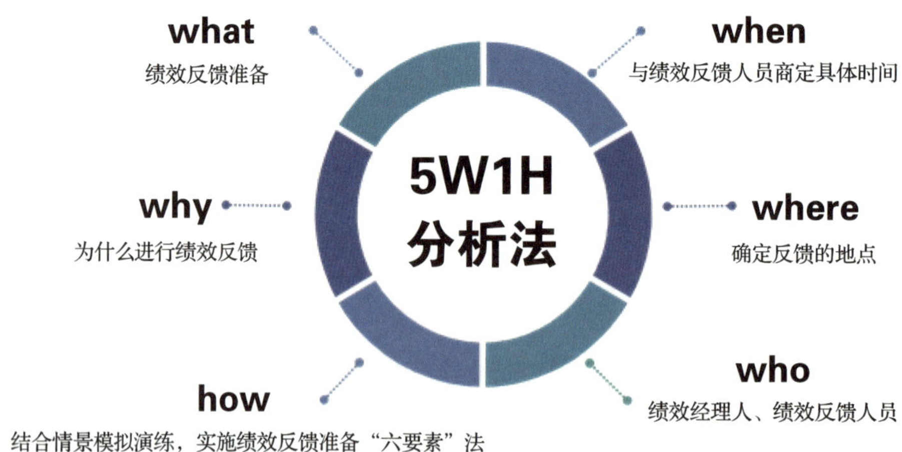

图7-14　绩效反馈准备5W1H分析法

王主任在做好绩效反馈准备之后，叫来老李，商定下周四再一次进行绩效反馈，并选择办公室旁的党员活动室作为面谈场所。

周四下午，王主任和老李一起来到党员活动室。王主任先让老李对自己近期的工作进行自我评估，然后列举实例肯定老李的工作业绩，分析存在的问题，共同制订改进计划。这一次，老李对绩效反馈和自己的绩效评价心服口服。

实施效果

在本案例中，王主任按照绩效反馈准备“六要素”法，开展绩效反馈准备工作。由于准备充分，证据充足，老李认可了当月绩效考核结果，并与王主任一起制订改进计划，绩效反馈取得圆满成功。有效的绩效反馈提高了员工对绩效考核的认同度，绩效考核与绩效提升工作完美衔接，对绩效改进工作起到有力的促进作用。

案例总结

本案例通过绩效反馈准备“六要素”法，为绩效反馈打下坚实基础，有效解决了绩效反馈针对性不强、效果不佳，难以提升绩效等问题。

在使用该方法时，需要注意以下几点：首先，绩效经理人在绩效反馈材料准备充分后，还需对材料完全熟悉，做到心中有底，这样才能在反馈时不致手忙脚乱，尴尬冷场。其次，只有绩效经理人做足准备也是不行的，绩效反馈是绩效经理人和绩效反馈人员共同完成的工作，绩效反馈人员在反馈前也需要做好准备。只有双方都做了充分的准备，绩效反馈才能成功。最后，反馈方式的选择应结合双方实际情况。对绩效好的员工以非正式反馈为主，对绩效差或是某期表现非常异常的员工要以一对一面谈的形式进行正式反馈。在环境的选择上，要选择安静、不易被打扰、相对轻松的场所。

十二、巧用 DFIE 绩效反馈优化模型——优化一线班组绩效反馈流程

情景导入

小李是河北省石家庄市某检修公司变电检修班一名入职两年的员工，他工作积极主动，但绩效考核结果一直不理想，小李急于提升自己的专业水平以及业务能力。老王是该公司的人资部负责人，在绩效调研中发现，小李的班长小马，是一名新晋升的90后年轻班长，由于业务工作重，加上对绩效反馈环节不重视，不进行绩效沟通仅填

写记录表，并且缺乏相应的绩效管理经验，对绩效沟通流程和反馈方式不了解，无法有效帮助小李诊断他的问题，因此小李业务能力提升有限，小马和小李都很着急。作为新上任的班长，小马一直在思考，如何快速诊断出小李存在的问题，帮助他有效地提升业务能力。

问题分析

绩效经理人在与员工进行绩效沟通的过程中，容易出现反馈形式单一、反馈过程不完善等问题，无法有针对性地解决员工在工作中存在的问题。尤其是部分年轻的绩效经理人由于绩效管理知识匮乏，管理水平偏低，且配合程度不高，在绩效反馈中仅填写一张绩效沟通和改进计划评定表，绩效沟通与反馈流于形式，缺少针对性的辅助和具体改进计划，导致绩效考核对于公司效益提升有限。因此，采用科学的绩效反馈流程和策略来改善反馈机制势在必行。

解决方案

绩效反馈是绩效管理中重要的一环，由于绩效经理人管理水平参差不齐，且缺乏相应管理经验，可构建 DFIE 绩效反馈优化模型（其中 D 为绩效诊断，F 为绩效面谈，I 为绩效改进，E 为绩效反馈评估）对整个绩效反馈流程进行优化。DFIE 绩效反馈优化模型的解决方案如图 7–15 所示。

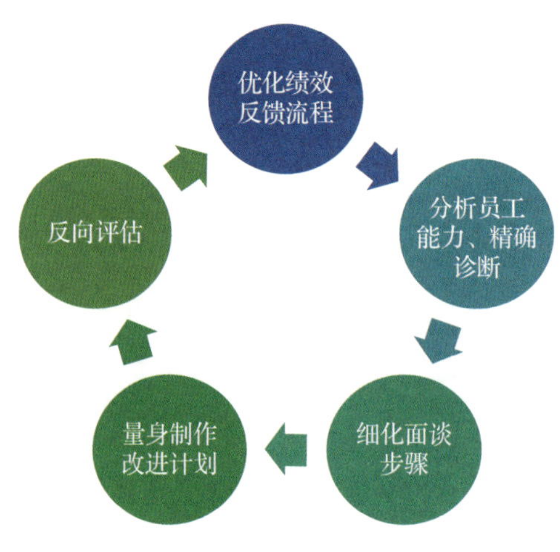

图 7–15　解决方案

（一）优化绩效反馈流程

整个绩效反馈流程分为四个阶段构建绩效反馈优化模型，规范操作流程，如图 7–16 所示。

（二）分析员工能力，精确诊断

构建“3 × 2”绩效诊断模型，绘制绩效诊断四级量表，应用诊断雷达图、九宫格等手段科学诊断员工具体绩效表现。

（三）细化面谈步骤

采用面谈实施六步骤，老王可为小马梳理好面谈流程，并针对小李的具体情况，应用“1+6”绩效面谈工作流程（见图 7–17）及因才而异的领导方式，改进小马在绩效面谈阶段的工作流程，并形成针对小李的绩效面谈记录表。

（四）量身制作改进计划

小马对整个绩效反馈环节进行评估，总结整个过程中的具体实施效果，列出需要改进的部分，针对小李的具体情况，比如工作效率偏低、专业知识相对缺乏等问题，量体裁衣，制订具体的改进计划，最终对小李的绩效改进措施进行细化，采用绩效改进六步法，整理出合适的改进措施和目标。具体内容如图 7–18 所示。

（五）反向评估

绩效反馈结束后，小李对小马的绩效反馈工作进行评估，以提高绩效经理人对绩效反馈工作的重视，并不断提升绩效管理能力，促进绩效反馈工作的良性循环。

实施效果

通过 DFIE 绩效反馈优化模型，实现了绩效考核、绩效反馈和绩效改进之间信息的有效传递，使检修班的绩效管理体系形成真正的管理闭环。小马所在的班组组织绩效考核业绩明显提升，同时小李的业务能力和专业水平也得到了很大提升，绩效考核结果由以前经常得 C 变为现在经常得 A。

案例总结

绩效反馈环节不能流于形式，绩效经理人也应该对绩效沟通反馈重视起来。通过

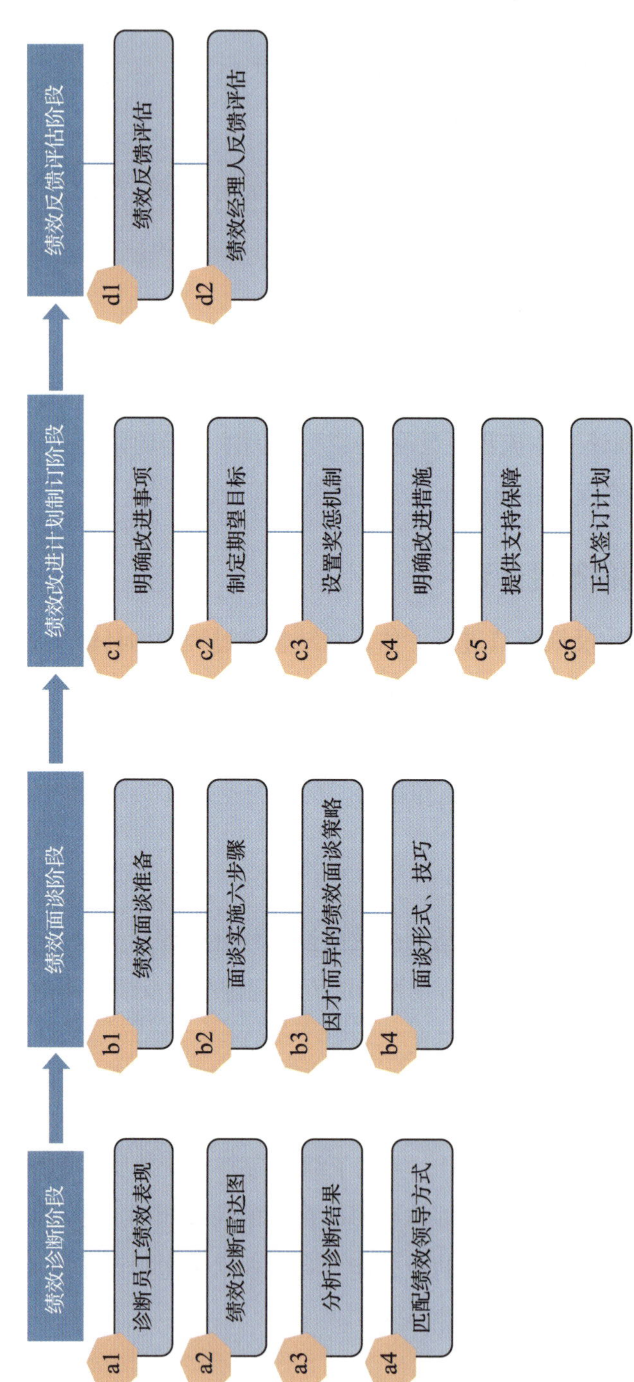

图 7-16 优化绩效反馈流程

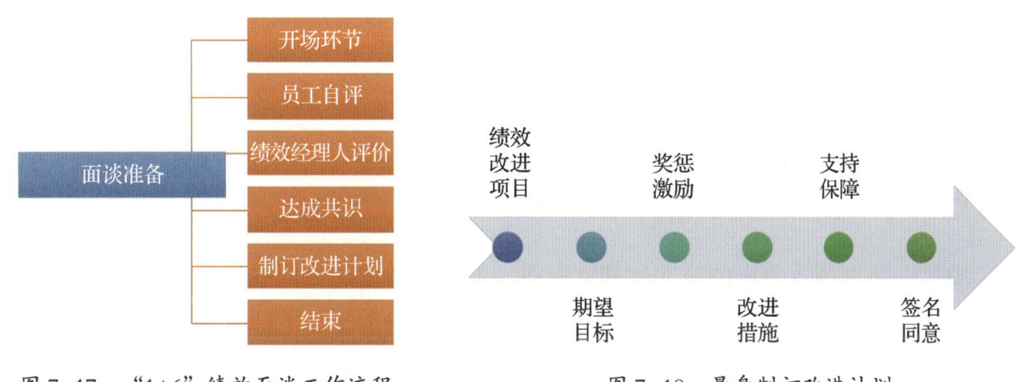

图 7-17　“1+6”绩效面谈工作流程

图 7-18　量身制订改进计划

DFIE 绩效反馈优化模型来优化绩效反馈流程和内容，方便绩效经理人科学准确诊断员工的绩效表现，找出员工绩效中存在的问题，使绩效反馈更加丰富、全面，从而有效提高绩效经理人的绩效反馈水平，提升员工业务能力，提高班组、公司的整体业绩。

在使用该方法时，需要注意以下几点：一方面，在绩效反馈评估阶段要注意保密原则，保护被面谈人的隐私，确保匿名反馈，否则员工会有所顾忌，不敢实话实说；另一方面，开展绩效面谈时，对员工反馈要有针对性，就事论事，客观指出考核周期中表现好和表现不好的地方，肯定成绩，定点改进，以问题为导向，给出相应改进方法和具体应对措施。

十三、“3+1”体检式绩效诊断法——科学量化绩效考核结果

第一季度的绩效考核结果公布后，变电运维班的员工小王和小李不约而同地来到绩效经理人老吴的办公室，他们表示绩效考核结果没能真实衡量他们的价值贡献，考核分数没有达到他们的心理预期。老吴听后认真地分析了绩效考核的流程，他认为并没有存在不合理之处。于是老吴找来了其他部门的绩效经理人老赵和老谢一起讨论。

“老赵、老谢，我们部门最近老是有员工向我抱怨，他们说绩效考核结果不能反映他们的真实工作贡献，可是我认认真真地检查了绩效考核的流程和方法，每一个步骤都合理合规，我都不知道怎么办了！”老吴焦急地说道。

老赵紧接着说：“其实我们部门也有这种情况，我们花费了很多时间和精力来做这个绩效考核，结果大家的绩效考核结果都差不多，我也不知道绩效考核到底做得怎么样……”

老谢若有所思地看着他们俩，说道：“不如你们开展一次绩效诊断，用科学的方法

去检验你们绩效考核的成效。”

老谢的话，让人茅塞顿开，老吴和老赵的眼里瞬间有了光……

问题分析

绩效诊断是绩效改进的风向标和方向盘，通过绩效诊断可以找出各环节出现的问题和存在绩效差距的原因，进而提出有针对性的绩效改进方案。上述案例中，绩效考核过后没有进行科学的绩效诊断，员工不知道存在绩效差距的原因，绩效经理人也很困惑，不知道绩效考核的成效如何，一套科学准确的绩效诊断方案能很好地解决这个问题。

解决方案

老吴、老赵和人资部的专家商量讨论后，共同设计出了“3+1”体检式绩效诊断法。“3+1”体检式绩效诊断法是运用三个指标和一套方法，诊断各级员工考核结果的科学合理性。三个指标是指员工月度考核结果离散率、员工月度考核结果与绩效奖金兑现匹配率、员工月度绩效奖金倍比；一套方法是指累计分析法，通过赋予三个指标一定的权重，计算出绩效考核结果的健康指数和排名。

（一）计算“三个指标”

1. 员工月度考核结果离散率。此指标用于分析员工月度考核得分和所在组织的绩效考核平均分差距，反映考核结果拉开差距大小。指标值越大，离散率越高，表明员工月度考核结果拉开差距越大（见图 7-19）。计算公式为：员工月度考核结果

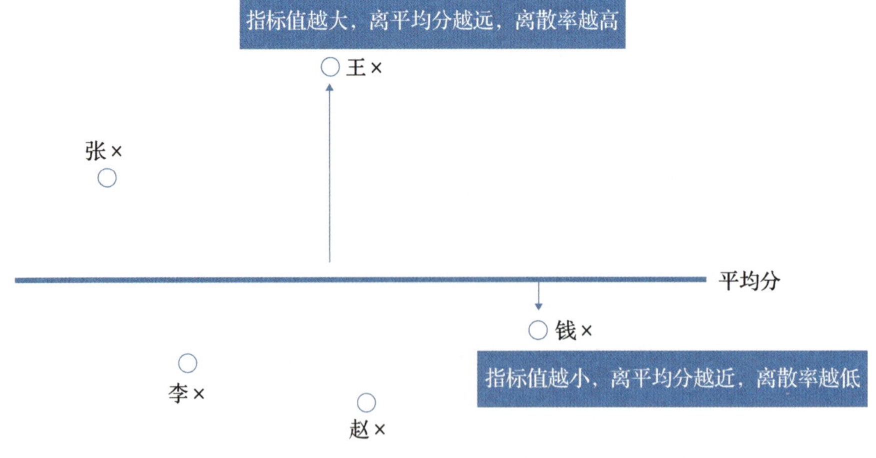

图 7-19　员工月度考核结果离散率指标内涵示意图

离散率 = Σ［（员工月度考核得分 / 所在组织员工月度考核平均分）–1］/ 组织单元总人数。

2. 员工月度考核结果与绩效奖金兑现匹配率。此指标用于分析员工月度考核得分排名和绩效奖金排名的匹配情况，反映考核结果和工资兑现是否一致。指标值越小，匹配率越好（见图 7–20）。计算公式为：员工月度考核结果与绩效奖金兑现匹配率 = Σ［员工月度考核得分在组织单元内排名 – 员工月度绩效奖金在组织单元内排名］/ 组织单元总人数。

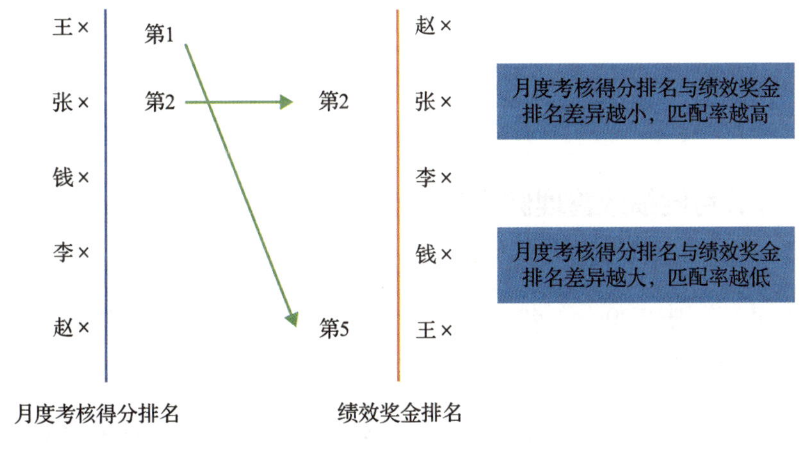

图 7–20　员工月度考核结果与绩效奖金兑现匹配率指标内涵示意图

3. 员工月度绩效奖金倍比。此指标用于分析月度考核得分前 20% 员工人均月度绩效奖金和组织单元内员工人均月度绩效奖金的比值，反映员工绩效奖金兑现拉开差距的大小。指标值越大，倍比越大，表明差距越大。计算公式为：员工月度绩效奖金倍比 = Σ（组织单元内月度考核得分前 20% 员工人均月度绩效奖金 / 组织单元内员工人均月度绩效奖金）/ 组织单元个数。

可进一步拓展为两个小指标：

绩效奖金高平比 = 组织单元内考核得分前 20% 员工人均绩效奖金 / 组织单元内同层级员工人均绩效奖金。

绩效奖金低平比 = 组织单元内考核得分后 15% 员工人均绩效奖金 / 组织单元内同层级员工人均绩效奖金。具体示例见图 7–21。

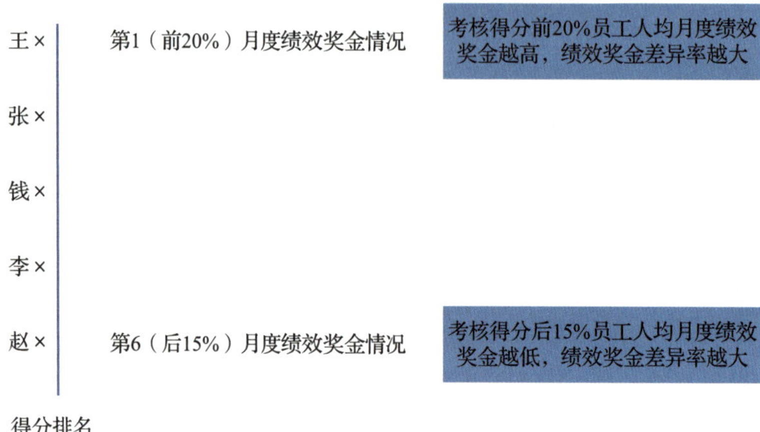

图 7-21　员工月度绩效奖金倍比指标内涵示意图

（二）计算月度绩效管理健康指数

员工月度考核结果离散率、员工月度考核结果与绩效奖金兑现匹配率、员工月度绩效奖金倍比，分别按 20 分、40 分、40 分的权重，根据指标排名加权计算。计算公式为：月度绩效管理健康指数 = Σ［指标权重 ×（1- 某项指标排名 / 单位数量）］。

从 ERP 系统中导出人员基础库信息、绩效考核信息和绩效兑现奖金数据，将数据导入“3+1”体检式自动分析软件，自动得出结果和排名，以表 7-29 和表 7-30 为例。

表 7-29　　　　国网某检修公司各部门绩效健康水平

所在单位	部门名称	员工月度考核结果离散率		员工月度考核结果与绩效奖金兑现匹配率		员工月度绩效奖金倍比		月度绩效管理健康指数		健康水平
		数据	排名	数据	排名	数据	排名	数据（分）	排名	
国网某检修公司	A运维分部	21.90%	1	0.368	1	1.137	2	80.00	1	☺
	输电运检中心	6.30%	6	0.619	3	1.145	1	60.00	2	😐

续表

所在单位	部门名称	员工月度考核结果离散率		员工月度考核结果与绩效奖金兑现匹配率		员工月度绩效奖金倍比		月度绩效管理健康指数		健康水平
		数据	排名	数据	排名	数据	排名	数据（分）	排名	
国网某检修公司	变电二次检修中心	5.90%	7	0.417	2	1.134	3	51.43	3	😐
	B运维分部	11.30%	4	0.929	5	1.124	4	37.14	4	😐
	变电检修中心	11.50%	3	1.033	6	1.112	5	28.57	5	😐
	C运维分部	11.10%	5	0.826	4	1.083	7	22.86	6	😐
	D运维分部	13.60%	2	1.133	7	1.109	6	20.00	7	☹

表 7-30　　A 运维分部各班组绩效健康水平

部门名称	班组	员工月度考核结果离散率		员工月度考核结果与绩效奖金兑现匹配率		员工月度绩效奖金倍比		月度绩效管理健康指数		健康水平
		数据	排名	数据	排名	数据	排名	数据（分）	排名	
A运维分部	变电运维四班	15.20%	5	0	1	1.193	2	63.33	1	☺
	变电运维一班	20.30%	3	1.167	4	1.252	1	56.67	2	😐
	变电运维五班	32.10%	2	0.75	3	1.148	4	46.67	3	😐
	变电运维六班	6.30%	6	0.5	2	1.157	3	46.67	3	😐
	变电运维二班	17.90%	4	1.571	5	1.076	5	20.00	5	😐
	变电运维三班	39.10%	1	1.6	6	0.995	6	16.67	6	☹

（三）分析月度绩效管理健康指数

对计算出的月度绩效管理健康指数和排名进行分析，实时了解各考核单元绩效考核开展成效，精准识别管理差距。其中“三项指标”的参考数据范围见表 7-31。

表 7-31　　“三项指标”参考数据范围

考核指标	参考数据范围
员工月度考核结果离散率	5% 以上
员工月度考核结果与绩效奖金兑现匹配率	趋近于 0
员工月度绩效奖金倍比	1.15 以上

1. 国网某检修公司各部门健康指数分析。A 运维分部月度绩效管理健康指数排名第一，D 运维分部月度绩效管理健康指数排名倒数第一。

2. A 运维分部各班组健康指数分析。以 A 运维分部 6 个班组为例开展健康指数分析，变电运维四班月度绩效管理健康指数排名第一；变电运维三班月度绩效管理健康指数排名倒数第一。

实施效果

“3+1”体检式绩效诊断法通过设置客观有效的指标，匹配相关考核数据，运用累计分析法得出各部门、班组的绩效管理健康指数，倒逼绩效考核与结果兑现紧密衔接，实现绩效考核结果的科学量化。一方面绩效经理人的绩效考核工作得到了肯定，绩效考核成效显著，另一方面，员工的绩效考核分数也有了合理的解释，员工有任何疑问和不满都可以查询系统中的考核数据。

案例总结

通过“3+1”体检式绩效诊断法对各单位、部门和班组月度考核指标开展诊断分析，实现了绩效实操指导、强化了绩效过程管控、突出了考核结果运用。

本方法适用于已开展绩效考核的组织。

在运用“3+1”体检式绩效诊断法时，需要注意以下几点：一方面，对人数较多的部门、班组月度（年度）绩效考核结果开展的诊断分析结果可参考性强，同时“一键分析”提高了绩效管理评价的工作效率，减少了评价工作量，提高了数据准确性。另一方面，每月薪酬和绩效数据需按时发布，才能确保人员基础库信息、绩效考核信息和绩效兑现奖金数据真实完整。

十四、“三级三维”目标量化考核法——准确衡量管理人员业绩贡献度

情景导入

年关将至，国网河北省某供电公司想要进行管理机关考核，该供电公司职能部门众多，但是各个部门分工不同，负责的板块不同，职能部门之间没有横向可比性，无法公平合理地衡量工作业绩。供电公司之前的考核体系较为简单，考核出的结果不准确，导致各职能部门积极性无法提升。该供电公司人资部周主任对此比较头疼，如果再不改变，就无法给辛苦工作了一年的各管理人员比较好的交代，如何科学合理的对管理机关进行考核成为了亟须解决的问题。

问题分析

在管理机关考核中，因各职能部门专业性质、任务类型、工作要求等各不相同，客观存在着工作任务难以量化、专业横向不可对比、业绩贡献无法准确衡量等问题。为解决这一系列问题，要精准找到各职能部门的区别、共性和可比较的要素，采用合适的方法量化工作业绩，从多个层级、多个维度来进行全方位的考核。

解决方案

经过不断的理论研究与实践探索，供电公司建立“三级三维”目标量化考核法，围绕管理人员工作的共性，从三个级别、三个维度将管理人员的业绩贡献评价方式统一起来。“三级三维”目标量化考核法是指围绕“区分工作差异”和“量化工作质效”两个核心要素，将管理人员的各项工作划分为单位级、部门级、日常工作级三个级别，从量、质、期三个维度分别制定考核标准并实施量化考核的方法。该方法实施步骤如图 7–22 所示。将不同业务人员的绩效，通过统一划定承接任务级别来准确识别贡献度，精准衡量管理人员业绩贡献。

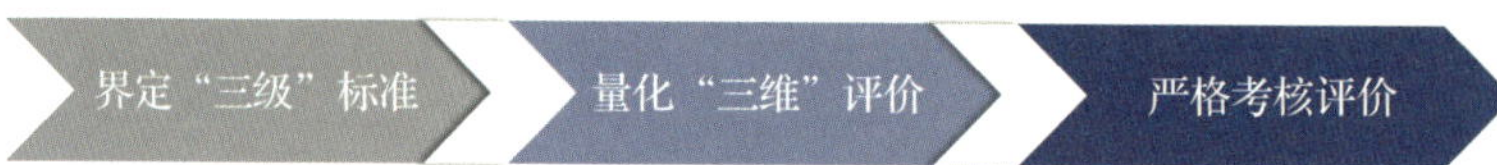

图 7–22 “三级三维”目标量化考核法实施步骤

“三级三维”目标量化考核法统筹考虑管理机关工作任务的多样性和机关管理的复杂性，科学采用以定量为主、定性为辅，二者相结合的考核方式。

（一）界定“三级”标准

将职能部门和管理人员承担的指标和工作任务，依据重要程度统一规范为单位级、部门级和日常工作级三个级别。

指标和工作任务级别的划分，以工作的提出渠道为主要依据。单位级指标一般指上级单位下达的业绩考核指标或公司重点工作按照职责分解到部门和个人的工作任务，单位级指标最高可以加分至指标分值的 130%。部门级指标指根据部门职责产生的指标，或按照部门重点工作计划分解到组织或个人的工作任务，部门级指标最高可以加分至指标分值的 115%。日常工作级指标指员工按照岗位职责应该完成的常规性工作，日常工作级指标完成不加分。具体如图 7–23 所示。

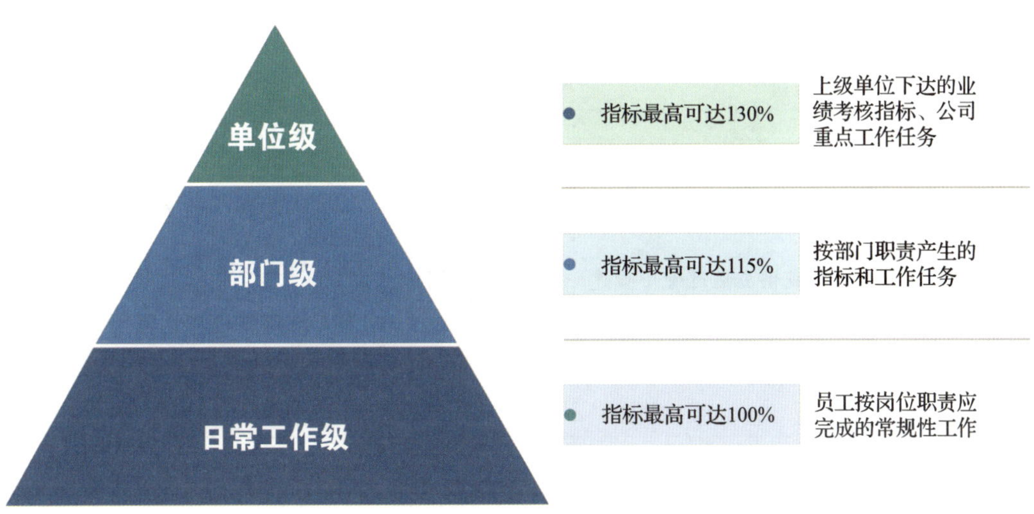

图 7-23　“三级”标准

周主任在管理机关考核实施过程中，共确定单位级指标 11 项，单位级重点工作任务 48 项，各部门根据部门职责和公司年度重点工作分别制定部门级指标及部门级重点工作若干项。以财务部、设备部、物资部为例，2020 年指标分解情况见表 7-32。

表 7-32　　2020 年考核指标及重点工作任务分解表（部分）

单位级		部门级		责任部门
关键指标	重点工作	关键指标	重点工作	
（1）内部模拟利润。 （2）可控费用。 （3）内部输配电价	（1）深化多维精益管理体系建设。 （2）实施成本精益管控。 （3）严格执行国家各项降价降费政策。 （4）优化资产管理策略，夯实有效资产。 （5）深入推进“1233”新型资金管理转型升级。 （6）强化工程竣工决算及时性管控	（1）资金归集率。 （2）“两金”压降率。 （3）工程项目预算执行偏差率。 ……	（1）科学编制 2020 年预算方案。 （2）全面落实“两金”管控专项任务。 （3）优化资产管理策略。 ……	财务部
（1）设备运行可靠率。 （2）用户平均停电时间	（1）完成 2020 年农网改造升级工程。 （2）完成供电设施改造建设任务。 （3）完成“新一轮”农网改造升级工程验收准备工作	（1）技改大修项目完成率。 （2）综合电压合格率。 （3）输变电设备严重及以上缺陷消除率。 ……	（1）完成自然灾害预警系统和高压电缆管理平台建设。 （2）开展电缆通道火灾隐患治理“回头看”。 （3）推进供电可靠性提升，严控计划停电，压降故障停电，推进不停电作业。 ……	设备部

续表

单位级		部门级		责任部门
关键指标	重点工作	关键指标	重点工作	
无	完成供应链运营中心建设任务	（1）物资供应计划完成率。 （2）仓储资源利用率。 （3）协议库存执行完成率。 ……	（1）推进供应链全面智慧运营。 （2）加快自选功能开发融合。 （3）持续推进采购策略创新。 ……	物资部
……	……	……	……	……

（二）量化“三维”评价

“三维”考核是指对职能部门和管理人员的工作成效从量、质、期三个维度考核评价，如图 7-24 所示。量是对工作数量的描述，量的多少反映工作的繁忙或复杂程度；质是对工作质量的评价，质的高低反映员工的工作能力和工作态度；期是对工作进度的考核，在规定时间内完成工作是最基本的要求。

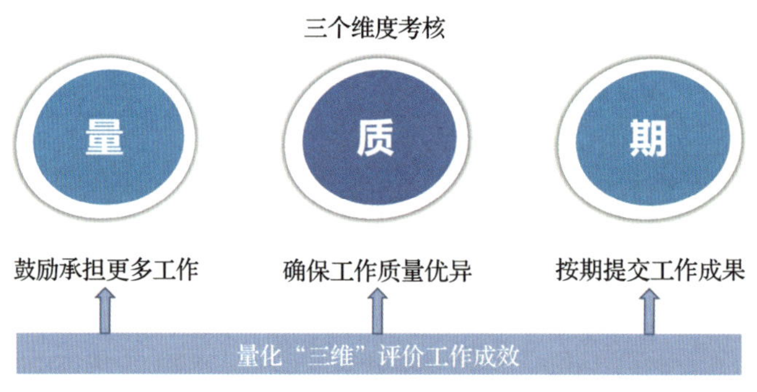

图 7-24　“三维”评价

对于落实到各部门的目标任务指标，明确量化“三维”评价标准，对各项指标完成的数量、质量、进度等情况进行考核评价。“量、质、期”从三个方面全面反映了工作完成的质效，对于工作优质高效、超额完成的应予以加分，对于工作拖拉、消极应付的应予以扣分，见表 7-33。工作数量按照工作饱和度给予 ±10% 考核；工作质量按照任务完成效果，如通报表扬、经验推广、工作出现失误等，根据工作级别分别给予 ±10%~30% 考核；工作进度按照月度工作计划进行评价，因客观原因未完成不扣分，因主观原因未完成的每项工作按进度、根据工作级别给予 0~100% 扣分，提前完成的根据工作级别给予 10%~30% 加分。

表 7–33　　“三维”评价标准表

<table>
<tr><th>三维</th><th colspan="2">评价标准</th><th>评分范围</th></tr>
<tr><td>工作数量</td><td colspan="2">按照工作饱和度</td><td>±10%</td></tr>
<tr><td>工作质量</td><td colspan="2">按照任务完成效果</td><td>±10%~30%</td></tr>
<tr><td rowspan="2">工作进度</td><td rowspan="2">按照月度工作计划</td><td>因主观原因未完成的，按进度、根据工作级别</td><td>−100%~0</td></tr>
<tr><td>提前完成，根据工作级别</td><td>10%~30%</td></tr>
</table>

（三）严格考核评价

管理机关考核分两个层面进行，一是组织层面的考核，由考核办公室对各部门的指标完成情况进行考核；二是员工层面的考核，由各部门对本部门员工进行考核。考核结果按考核得分从高到低排列，排名前 20% 的考核等级评为 A 级，C 级、D 级比例不做强制要求，根据各单位优化绩效等级评定细则“对号入座”，如触犯相关条款则评为 C 级或 D 级。管理机关绩效考核按照考核周期分为月度（季度）考核、年度考核，其中月度考核、季度考核根据单位实际情况自行选择。采用“月度 + 年度”考核方式，月度重点考核可分解量化的目标任务和事项，年度重点考核工作业绩成果，月度考核结果按 20% 权重计入年度考核得分。

实施效果

2020 年 4 月在管理机关考核过程中，供电公司推广管理人员“三级三维”目标量化考核法，有效区分目标任务，以量化评价的方式准确衡量了管理人员的业绩贡献度。各部门考核结果汇总如下：在关键指标方面，财务部在“三维”评价中发现内部模拟利润未完成进度目标，被扣分，可控费用和内部输配电价完成进度目标，得满分；设备部设备运行可靠率和用户平均停电时间均完成考核目标，得满分。重点工作方面，财务部本月有 2 项单位级重点工作，设备部有 1 项单位级重点工作，物资部仅有部门级重点工作。经考核，各部门 4 月均完成重点工作任务，均得满分。综合考核得分情况见表 7–34。

表 7–34　　4 月绩效考核汇总表

序号	部门	目标任务指标得分（满分 130 分）	减项指标扣分（最多扣 30 分）	综合评价得分（满分 20 分）	最终得分
1	财务部	117 分	0 分	18 分	135 分
2	设备部	111 分	0 分	16 分	127 分
……	……	……	……	……	……
7	物资部	105 分	0 分	10 分	115 分
……	……	……	……	……	……

部门考核结果在内网公示后，各部门均没有提出异议。在部门考核的基础上，还进行了员工考核，并且在考核过程中供电公司绩效经理人与员工进行充分沟通，该目标量化考核法得到了全体员工的认同。

案例总结

“三级三维”目标量化考核法综合考虑管理机关工作任务的重要性、复杂性、难易程度等因素，将指标划分为单位级、部门级、日常工作级三个级别，对工作任务的数量、质量、进度等方面进行考核，有效解决了不同部门之间、同部门不同员工之间工作任务重要程度难区分、工作质效难衡量的问题，避免了以往考核不量化、打分凭印象的弊端，真正实现了管理机关精准考核，有效激发了管理机关员工活力。

该考核方法适用于对管理机关职能部门及管理人员的绩效考核。

在使用该方法时，需要注意以下几点：一方面，“三级三维”目标量化考核法，难点是指标层级的界定。指标界定需遵循自上而下、分级界定的原则，单位级指标由考核办公室界定，部门级和日常工作级指标由各部门界定。考核办公室、专业部门、员工之间在设置指标时应充分沟通，以取得大家一致认同。另一方面，“三级三维”目标量化考核法，关键是评价标准的制定。评价标准既要全面体现“量、质、期”，还要科学配置三者之间的权重，配置的标准权重可作为参考和建议，在使用过程中根据实际情况酌情调整，这样真正使干得多、干得好的得分高，合理拉开考核差距。考核指标和评价标准应事前以绩效合约的形式予以明确，使得考有所依、罚有所据。

十五、“三建、三制、三推”多维量化评价机制——解决员工“大锅饭”思想

情景导入

小王是去年刚毕业的大学生，他自从进入调控班以来，工作积极，干劲十足，保质保量干了大量工作，但是上半年的绩效考核分数却让他十分疑惑。他的分数虽然处于中上游，但是他与排在其后的同事分差不超过 0.1 分，但是明显看得出来，排在后面的人平时都在“磨洋工”。

老张看到上半年的绩效考核分数后，若无其事地回到了工位上，打开手机继续刷小视频，时不时地发出一阵阵笑声。老张是调控班的老员工，已经有 30 多年的工作经验，他今年 57 岁，还有 3 年退休了，且无论干好干差，他的工资都不会受太大影响。正是因此，他对待工作的积极性不高，工作效率低，对绩效考核分数也不以为意。

问题分析

老张和小王都是当前国企中的典型，许多老员工仗着自己工作时间长，经验丰富，是公司中不可或缺的一员，在即将退休的年纪，也没有做出成绩的想法；而新员工干劲十足，工作热情饱满，勤勤恳恳，但是他们的工作贡献却不能很好地体现在绩效考核上，工资分配上也与他人相差无几。出现这一现象的根本原因在于长期以来绩效考核形同虚设，员工习惯了“平均主义”“大锅饭”的分配方式，解决这个问题的关键在于改进当前的绩效考核方式，扭转员工的传统观念，具体措施是建立并推广工作积分制，并让员工快速接受。

解决方案

（一）以“三建”量化积分评价标准

通过建立固定、动态、综合积分标准，调控班构建了科学、合理的量化积分体系。

1. 建立固定积分标准

为提升班组成员综合能力，合理体现岗位贡献，调控班将班组成员的学历、岗位、

兼职岗位、技能等级、工龄等作为固定积分项（见表 7–35），建立体现员工既有岗位贡献差异的基本分。

表 7–35　　调控班岗位基本分设置表

岗位	岗位基本分（分）	技能等级	技能基本分（分）	兼职岗位	兼职基本分（分）	学历	学历基本分（分）	工龄	工龄基本分（分）
副班长	20	高级技师	15	安全员	5	高中	1	5 年及以下	1
值长	15	技师	15	培训员	5	大专	2	6~10 年	2
正值	10	高级工	15	绩效管理员	5	本科	3	11~20 年	3
副值	5	中级工	15			研究生	4	20 年及以上	4
辅助工	2	初级工	15						

特别说明：岗位基本分是体现技能、岗位贡献差异的基本分值，根据班组内部岗位等级确定，最大值一般不超过 40 分。

2. 建立动态积分标准

（1）工作积分考核项确定包括确定考核任务和赋分方式。

确定考核任务：针对调控专业安全生产、事故处理、综合令操作、口令操作、日常工作、异常处理、无人值班站接入和新设备启动投产等八大类工作，调控班经分析确定了 48 项具体工作，其中关键业绩工作 7 项、专业工作 15 项、其他工作 26 项。

确定赋分方式：通过系数设置（即角色系数、时间系数）、定量和“定性 + 定量”等三种方式进行标准赋分，最终确定 45 项工作适宜采用定量方式赋分，3 项工作适宜采用“定量 + 定性”方式赋分。

（2）用定性评价修正定量评价，让差异化业务评价考核更精准。

（3）“定量 + 定性”双评价，优化监控运行业务考核。即以“定量”方式评价巡检记录规范性，以“定性”方式评价巡检质量（检查变电站现场和系统数据实际情况）。

（4）“目标 + 指标”，推进班长与班组绩效一体化评价。由班长直接参与班组考核，其月奖纳入班组奖金总额，对班长实行“积分制”专项考核。

3. 建立综合积分标准

建立以“素养画像”为评价的综合积分标准。“素养画像”既涵盖员工的工作态度和守纪能力，还包括员工的文化、才能和身心健康。

调控班在工作积分制考核实施过程中，深入思考，不断探索，力求通过开展“素养画像”评价（见表 7-36），充分发掘员工内在的品质与潜能，通过内在“调养”让员工由内而外焕发健康与活力，从而把遵章守纪的“硬指标”变成员工自觉行为的“软实力”。

表 7-36　　“素养画像”评价　　单位：分

序号	指标名称	释义	分值	☆	☆☆	☆☆☆	☆☆☆☆	☆☆☆☆☆
1	劳动纪律	出勤、安全意识、遵章守纪	10	2	4	6	8	10
2	工作态度	主动意识、团队意识、执行力	6	1.2	2.4	3.6	4.8	6
3	爱心奉献	献爱心、征文、建议	1	0.2	0.4	0.6	0.8	1
4	技能提升	抽调考、演习演练、事故处置	2	0.4	0.8	1.2	1.6	2
5	健体塑形	健步走、跳绳、拔河、打球、瑜伽	1	0.2	0.4	0.6	0.8	1

（二）以“三制”兑现薪资以分计酬

员工绩效激励能否直接兑现是工作积分制考核工作能否取得实效的关键。所以，调控班从一开始就高度重视薪酬分配差距和直接兑现的问题。通过轮值主席机制、公开积分机制、公开核算机制的实施，调控班实现了公开、透明、直接兑现员工月度薪酬。

1. 构筑评价组织“轮值主席机制”

评价组织人员设置组长、副组长、绩效管理员各 1 人及轮值人员 3 人，轮值人员每月轮换。建立该机制的目的是确保所有班员均有参与绩效评价的机会和权力。

2. 实行评价工具“公开积分机制”

评价工具是指调控班在工作积分制实施过程中，逐步摸索制订了一套较为实用的积分制考核用表和考核流程，该套表格工具共有 7 种，涵盖员工积分填报、班长审核、考核小组核分、专工核酬等各环节。当员工对自己的绩效积分有疑问时，可以在一定时间内进行申诉，负责人或绩效考核小组成员会给予及时、合理的解释。此举既公开、透明，又省事、省心，实现了积分快速统计和公平、透明考核。

3. 推行薪酬兑现“公开核算机制”

薪酬兑现核算主要是在积分核算正确的基础上，重点把握业绩积分权重是否按标杆法进行计算、月度考核是否将积分直接折算、员工月度绩效工资是否采用月度得分占班组总分的比例进行核算兑现以及班长绩效工资是否与班组绩效工资总额和班组考核结果直接挂钩等内容。

核算公式：员工月度绩效工资 = 班组绩效工资总额 ×（员工岗位基本分 + 员工月度考核得分）/ ∑（岗位基本分 + 月度考核得分）。

（三）以“三推”深化评价结果应用

通过“三推”措施落实，实现员工“责、权、利”的统一，确保绩效价值，让约束更有力。

1. 推动“纵横评价”，完善确权明责

借助“纵横评价”工具可实现对同一工作从多维度进行评价分析，确保调控运行管理的严谨性。调控班约束考核“纵横评价”机制的建立，是对工作积分制考核制度的细化和延伸，既明确了调控班内部各岗位可能被考核的“责”，也规范了可用于积分的“权”，避免了推诿、扯皮，让约束更有针对性。

2. 推行“以分计酬”，实现奖勤罚懒

调控班在“工作积分制”实施过程中，加大了薪酬与绩效结果挂钩比重，有效区别干多干少、干差干好，适当拉大不同绩效层级人员的薪酬差距。通过科学合理的绩效结果应用，让多劳和用心劳动者多得，让少劳和敷衍了事者少得，真正实现奖勤罚懒。

3. 推进“双向激励”，确保激先鞭后

一是实施员工绩效“末位约谈”制度。调控班通过实施该制度，对两位调控员进行了末位约谈，并帮助从多方面分析存在的问题，有效激励其正确对待工作和考核，从而大大提高了团队绩效和工作质量。二是强化正向激励。调控班通过将“积分制”绩效评价结果与岗位升迁、评先评优、人才培养等个人职业发展相结合，激励员工充分发挥其发展潜力、专业特长及能力优势，从而获得表彰。真正激励那些业绩突出的员工，鞭策那些企图得过且过、浑水摸鱼的员工。

实施效果

“三建、三制、三推”多维量化评价机制的落地实施，不仅打破了员工吃“大锅饭”的传统观念，提高了工作效率，还形成了“比、学、赶、超”的良好绩效氛围，员工的工作积极性明显提升。

通过实施工作积分制考核，调控班加大了薪酬与绩效结果挂钩比重，薪酬差距由实施前的 ±3% 以内拉大至实施后的 ±30% 左右，逐步将各种福利待遇向高分人群倾斜，员工表现通过积分被认可，让员工更好地体现自我价值，心中的归属感明显增强。

案例总结

此案例通过“三建、三制、三推”多维量化评价机制，实现了薪酬与绩效结果的大比例挂钩，极大地提高了员工工作的积极性和工作效率，根除了员工根深蒂固的传统“大锅饭”思想。

该评价机制适用于存在“大锅饭”传统观念的一线班组员工的绩效考核。

在使用该方法时，需要注意以下几点：首先，全面梳理各岗位职责，建立健全积分标准库，并定时更新。其次，由于不同的岗位计分标准不同，可能会出现相同的分数，薪酬不同的情况，这时要做好解释说明工作。再次，在进行末位约谈的时候，要注意方式方法，真诚地提出问题和建议，指出问题的同时，也要给出改进建议。最后，全过程做好员工的思想沟通，及时发现并消除员工的抵触情绪。

十六、绩效考核延伸激励法——有效促进班组持续改进与管理提升

情景导入

老张是河北省某单位变电运检工区负责人，近日在工区月度安全例会上，工区安全员例行通报各班组 5 月份安全管理开展情况，老张注意到变电运维一班又出现了“安全活动记录不完善、安全工器具超期未试验”的问题，3 月份变电运维一班已经因此被扣了分，两个月过去了问题仍未得到解决，这一现象引起了老张的警觉。会后，

老张马上又去分析了近半年工区的检查记录，发现变电运维专业的 3 个班组均存在类似应改未改的问题。各班组仅关注考核当月，而忽略了对以前月度检查反馈问题的更正，员工对此没有解决动力也没有得到相应的惩罚，长期下去肯定会出大问题的，一想到这些老张就愁眉不展。

问题分析

原有的简单式定性考核仅依靠检查指出问题，一次性扣分了事，没有关注班组的持续改进与管理提升问题，忽略了对问题整改的监督和考核，考核结果与绩效薪酬关联度不强。绩效考核体系不完整，考核机制缺乏激励性，自然导致员工对非绩效考核内容不重视，出现应改未改的现象。解决问题的重点在于科学构建班组的绩效考核体系，将问题整改指标纳入考核，将以前季度、月度考评结果延伸应用于班组下季度的考核，加强考核结果的使用，提高班组对考核的敏感度。

解决方案

老张在班组创新采用了季度绩效考评延伸激励法，即将班组季度综合考评得分以一定权重赋予至下季度三个月的月度考核中，形成月度考评、季度综合考评相结合的考核模式，兑现绩效薪酬的激励模式，有效促进班组解决前期工作中发现的问题，有效戳中班组对月度考评不敏感等管理痛点，真正发挥考核在精益化管理工作中的导向作用。具体方案如图 7-25 所示。

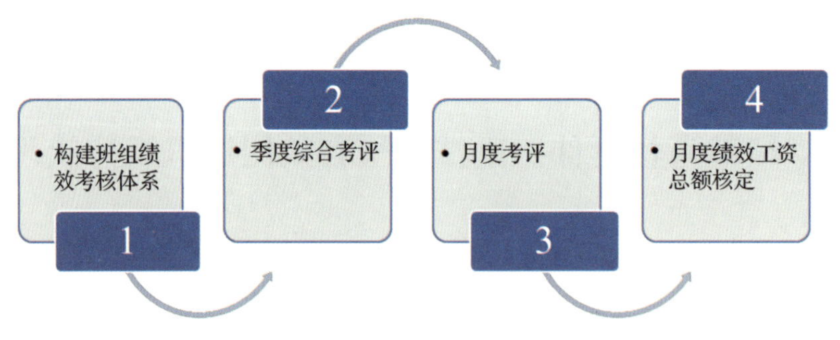

图 7-25　解决方案

（一）构建班组绩效考核体系

采用月度考评和季度综合考评相结合的方式组织开展工区班组考核工作。月度考评是依据班组的职责、承担的主要工作任务及安全生产等方面的要求，制定班组月度考评规范及评价标准。季度综合考评依据班组专业特点、管理短板和安全生产等方面要求，动态制定综合评价标准。

（二）季度综合考评

工区按照班组职责及业务范围主要从安全管理、两票管理、上季度检查问题整改情况等维度设置考评指标和标准。季度末，考核评价组对班组各项工作开展全面检查，按照考评标准逐项评价得出班组季度考评得分。班组季度综合考评标准见表7–37。

表7–37 变电运维班组季度综合考评标准

序号	评判项目	评判小项	检查方式	扣分原则
1	安全管理（15分）	班组应按要求认真组织学习上级通报各类事故的文件通知或安全规定，并在安全记录中留有学习痕迹	现场检查	无学习记录扣2分，抽查回答不出扣2分，回答不全扣1分，5分封顶
		安全活动记录中班组安全目标及措施是否齐全，是否按工区安全活动计划开展活动，内容是否符合现场实际，是否真实反映班组安全活动过程，活动记录是否齐全	现场检查	安全目标及措施未制订扣2分，未按计划开展活动扣2分，记录不规范扣1分，5分封顶
		班组安全工器具管理符合规范，安全工器具保存完好，按规定位置摆放，台账与检查记录齐全，合格标签试验日期清晰	现场检查	台账与实物不符合扣1分，未按规定摆放扣1分，工器具损坏扣1分，试验周期不合格每发现一次扣1分，5分封顶
		……	……	……
2	两票管理（10分）	倒闸操作票正确无误	抽查	一份不合格扣1分，5分封顶
		操作必须全程进行录音，录音文件应建立与调度指令相符合的文件名并保存到办公电脑	现场调听	录音不全扣0.5分，每少一次扣1分，5分封顶
		A、B类操作应有危险点分析与相应的预控措施	现场检查	缺少危险点分析与预控措施，每次扣1分，5分封顶
		……	……	……
……	……	……	……	……

（三）月度考评

考核评价组主要从“两票三制”执行、变电安全及调度规程等执行、事故应急处置等 7 个方面对班组进行月度考评。月度末，对于违反制度规范、管理要求执行落实不到位的，布置工作任务未及时完成或明显质量较差的，按发生次数扣分；对于符合工区或公司等上级单位奖励规定或考评人认定工作成效显著的，按加分项逐项加分。

（四）月度绩效工资总额核定

班组月度绩效工资总额 = 月度人均绩效工资基数 × ∑本班组各员工岗位系数 × 月度考评系数。其中，月度考评系数 = 班组月度综合考评得分 / 工区内班组月度综合考评最高得分。其中，班组月度综合考评得分 = 班组月度考评得分 ×60%+ 上季度综合考评得分 ×40%。

其中，月度人均绩效工资基数和员工岗位系数按照上级单位统一规定执行。班组月度绩效考评系数依据各班组月度绩效考核得分采用“最高标杆法”确定。表 7–38 为变电运维各班组 7 月份绩效工资总额核定表。

表 7–38　　各班组 7 月份绩效工资总额核定表

班组	班组人数（人）	班组成员岗位系数之和	月度人均绩效工资基数(元)	月度绩效工资总额核定系数	月度绩效工资总额（元）
变电运维一班	6	7.7	3200	0.97	23907.09
变电运维二班	6	7.7	3200	0.93	22812.57
变电运维三班	6	7.7	3200	1.00	24640.00

实施效果

变电运检工区通过实施季度绩效考核延伸激励法，倒逼班组形成“发现问题—解决问题—回头检查”的良性循环，促使班组上季度检查存在问题整改率达到 100%，基本实现工作中的存量问题快速消化、新增问题即时解决，工作成效明显提升，班组安全生产工作持续向好，精益化管理水平不断提升。变电运检工区有两个班组通过国网河北电力专家组验收，并获得 2018 年和 2019 年“变电放心运维班”及“2019 年度变电精益化管理红旗单位”称号。

案例总结

本案例通过季度考评结果的延伸，形成月度考评和季度综合考评相结合的考核模式，从上季度检查问题整改情况等多个维度设置了考核指标，完善了绩效考核体系，落实了班组进行问题整改的压力。将月度考评、季度综合考评分数融入绩效工资核定中，有效发挥了绩效薪酬的激励作用，增加了班组解决问题的动力，消除了班组内长期存在的应改未改的问题。

该考核方式可适用于仅采用简单式定性考核的生产、营销、通信等专业班组的绩效考核。

在使用该方法时，需要注意以下几点：首先，依据班组职责的差异性，在季度考核方案中设置差异化指标，使考核内容与班组职责范围保持一致性。其次，季度综合考评应坚持工区负责人带队，严格按照检查标准进行检查，检查后进行沟通反馈，切忌“走过场”，否则将达不到季度考核延伸激励和约束效果。最后，考评评价组成员采用工区指定和班组推荐的方式组成，成员动态调整，在考评过程中加强班组间交流学习，作为青年员工现场培训的平台。

十七、输电运检室“大小”积分考核法——准确衡量班组和员工两级工作绩效

情景导入

“张主任，我们一班承担了大量的重点任务，员工们常常加班加点赶进度，相较于业务量较少的班组付出了更多的时间与精力，但在薪酬分配上却没有什么差别，长此以往，员工的工作积极性肯定会受到打击。”“张主任，我们班组内员工懒散现象严重，大家都没有争先动力，最近明显感觉到班组员工工作热情下降，这样下去，员工和班组的绩效都会变差。”老张坐在中间，听着大家你一言我一语。

开完会，老张就去各班组了解实际情况，一趟下来感受到了问题的严重性。作为绩效办主任，如何通过绩效手段客观衡量各班组的团队绩效和班组员工个人绩效，从而更有效地调动员工积极性，成了困扰老张的一大难题。

问题分析

目前班组绩效考核存在两方面的问题。一方面是团队绩效考核缺失，绩效考核结果在薪酬分配上的应用不足，员工干多干少一个样、干好干坏一个样，对业务量大和绩优班组而言，缺乏公平性；另一方面是使用工作量化积分对员工个人进行考评，较少考虑个人对团队业绩的贡献，绩效考核激励性不足。这就容易导致班组员工工作积极性的下降，在价值创造、服务企业提质增效上的动力不足。

解决方案

在上级领导王总的帮助下，张主任在班组引入了“大小”积分考核法（见图 7-26），即根据大、小两套积分标准分别对一线班组、一线员工进行考核的方法。其中，大积分体现班组的团队业绩，小积分衡量班组成员具体的工作量，大、小积分所得分配系数相乘，最终应用于员工绩效激励。大、小积分同级比较，能够非常清晰、直观地显示出团队作用和个人能力，充分调动班组和员工的积极性。

大积分核定班组绩效	小积分核定员工绩效
（1）积分标准值设定。工作积分按作业形式分为巡视、检修两大类 （2）核定班组考核积分。对照月初计划和大积分标准值，核定各班组月度积分 （3）核定班组绩效工资。将绩效工资的考核部分按大积分比例分配给各班组	（1）积分标准值设定。由输电运检室统一设定，小积分分为巡视、检修、通用三大类 （2）核定班组成员绩效工资。根据员工实际完成工作量，计算该员工月度工作积分。将本班绩效工资按照小积分比例分配给每位员工

图 7-26 “大小”积分考核法实施步骤

（一）大积分核定班组绩效

大积分按作业形式分为巡视、检修两大类积分。巡视积分按照电压等级、地形、区段等因素差异化确定；检修积分则包括测试、检修、通道及电力设施保护、带电作业四类。

（1）巡视积分计算公式为：S1=（P1+P2/2+P3/3）×20+（M1+M2/2+M3/3）×25+B。

式中，S1是110千伏线路的巡视积分；P1、P2、P3分别是一月一巡、二月一巡、三月一巡的平原线路长度；M1、M2、M3分别是一月一巡、二月一巡、三月一巡的山区线路长度；B为不定期巡视的线路（如临时的阶段性的隐患点看护、保电等工作）。同理可推算出S2（220千伏线路的巡视积分）及S3（35千伏线路的巡视积分），部分项目积分见表7-39。输电巡视标准工时库示例见表7-40。

表7-39　不同电压等级、地区每千米巡视积分数

电压等级（千伏）	平原（分/千米）	山区（分/千米）
220	25	30
110	20	25
35	20	20

表7-40　输电巡视标准工时库示例

<table>
<tr><th>责任班组</th><th>电压等级（千伏）</th><th>线路名称</th><th>长度（千米）</th><th>总基数</th><th>巡视周期</th><th>总积分（分）</th><th>人均积分</th></tr>
<tr><td rowspan="5">检修三班（7人）</td><td rowspan="4">220</td><td>ZD二线</td><td>32.4</td><td>95</td><td>三个月</td><td>293.88</td><td rowspan="4">483分
44千米</td></tr>
<tr><td>YD线</td><td>31.001</td><td>83</td><td>三个月</td><td>267.66</td></tr>
<tr><td>LSH线</td><td>7.146</td><td>21</td><td>三个月</td><td>59.55</td></tr>
<tr><td>……</td><td>……</td><td>……</td><td>……</td><td>……</td></tr>
<tr><td>小计</td><td colspan="6">3380.00</td></tr>
</table>

（2）检修积分共计118项，部分积分项目见表7-41。

表 7–41 输电检修标准工时库示例

序号	项目	工作项目	计量单位	积分（分）	标准工时	常规作业人数 × 有效工作时间	备注
1	测试类	输电线路导线液压耐张线夹引流板红外测温	每基	15	1	1×1.5	
2		输电线路接地电阻测量	每基	20	2	2×1	
……		……	……	……	……	……	

（二）小积分核定员工绩效

员工绩效工资实施小积分制考核，每月按照员工个人实际从事工作，将巡视积分、检修积分和通用积分相加作为员工的月度积分，并依据月度积分核定绩效工资。

积分实际应用标准如下：巡视积分每人每天 5 分；检修积分每人每天 10 分；通用积分涉及 77 项，主要包括班组日常管理、个人奖惩、科技贡献及合理化建议等，部分项目见表 7–42。

表 7–42 通用积分标准库示例

序号	工作项目	单位	积分标准
1	科技成果	项	地市公司级 5 分；网省级每项 20 分；国网公司及以上 20 分
2	QC 成果	项	地市公司级 5 分；网省级每项 20 分；国网公司及以上 20 分
……	……	……	……

输电运检室共计 18 个班组 120 人，2019 年 5 月绩效工资总额为 48 万元；某检修班班组成员为 8 人，班组大积分累计 1830 分，按照当月 18.7486 元 / 分标准，对应兑现月度绩效工资总额共 34310 元，班组成员按照个人小积分兑现绩效工资，具体分配情况见表 7–43。

表 7-43 2019 年 5 月检修班班组成员绩效工资分配表

姓名	月度积分（分）	当月绩效工资（元）
曹 ×	235	4406
常 ×	225	4218
……	……	……
合计	1830	34310

实施效果

输电运检室通过实施“大小”积分考核法，员工积极性明显提升，工作效率显著提高。输电运检室人均运维线路长度由 2015 年年底的 32.78 千米 / 人，提高到 2019 年的 50.02 千米 / 人，提升幅度高达 53%。单位内部同岗级员工年度绩效工资最大差距达到 32.5%，月度绩效工资差距最高达到 2347 元；同一班组人均年度绩效工资最大差距达到 16.2%。

案例总结

在工时积分制基础上，本案例利用“大小”积分考核法，横向实现了团队、个人绩效的同级相互比对，实现了各班组业绩的直观比较，在班组间营造出你追我赶的竞争氛围；纵向将团队绩效、个人绩效运用于员工绩效分配，在组织内部形成“上下一盘棋”的合力，激发了员工提升个人绩效的内生动力，实现了组织和个人的双赢。

该考核方法可适用于输电运检等一线专业班组。

在使用该方法时，需要注意：一方面，大积分标准设定要准确衡量工作量，根据巡视线路的电压等级、地形等因素差异化设置单次巡视作业的计分差距，根据检修的作业时间和难度核定单次检修作业的积分标准。应经输电运检室负责人和专业骨干充分研究，并在全体职工范围内公示后执行。另一方面，小积分标准设定要简单、易操作，坚持干多干少不一样的导向，减轻班组负担。在实际应用中，班组组长应对员工负责的巡视区域或检修工作进行定期轮换，杜绝员工因长期巡视同一区域或从事同一工作而懈怠，防范安全质量风险。

十八、“指标 + 积分”相结合——解决班组指标管控效果不佳问题

情景导入

老王是某公司客户服务班班长，自从班组实施工作积分制以来，按照月度积分兑现绩效工资，多劳多得、少劳少得，有效调动了班组员工工作积极性和主动性，但最近他却有了新的困扰。班组在部门的考核中连续两个月排名垫底，原因是班组承担的指标由于完成质量不高而被扣分，分别是客户服务满意率、客户档案准确率未达100%。班组整体排名的靠后直接影响班组月度绩效工资总额，进而影响到每位员工的绩效工资。绩效考核对员工心理和行为起着重要的导向作用，作为班长，如何优化考核方式，提高班组指标完成水平，老王陷入了深深的思考……

问题分析

工作积分制考核是对班组承担的工作任务进行量化积分，赋予每项工作积分标准，完成该项工作得相应分值，未完成或未达到质量要求的不得分，之后再将员工月度完成的所有工作积分累加即为月度积分。工作积分制侧重于对工作数量的考核，鼓励员工多劳多得，对工作质量则实行减分制。这种考核模式可能造成员工过多追求工作数量，而忽视工作质量，导致班组整体指标完成情况不理想。

解决方案

老王在班组创新采用“指标 + 积分”相结合的考核方式，即在工作积分制的基础上，引入指标考核，引导员工在保证工作质量的前提下，多劳多得。根据上级下达的指标及目标值，结合其重要程度合理设置标准分值，细化制定月度指标及其目标值，并分解落实至每一位员工，按照“日反馈，周通报，月考核”的方式进行管控。具体指标设置及工作积分项示例见表 7–44 及表 7–45。员工工作积分实行日清日结，班长每日根据班组员工实际工作情况核实工作完结的凭证或者工作票，并折算积分录入全员绩效管理平台。

员工月度工作满分 100 分，工作积分分为岗位基础积分和工时积分，总积分按最高分换算成 100 分进行等比例换算，权重 60%。指标考核满分 100 分，权重 40%，班组员工考核得分计算方式为：员工月度考核得分 = 指标考核得分 ×40%+ 工作积分换算得分 ×60%。表 7–46 为具体示例。

表 7-44　指标设置示例

序号	指标名称	考核标准	标准分值（分）
1	客户服务满意率	本指标目标值为 100%，完成目标值得标准分值，客户服务满意率每降低 1% 扣 5 分，当客户服务满意率 <90%，该项指标不得分	50
2	客户档案准确率	本指标目标值为 100%，完成目标值得标准分值，客户档案准确率每降低 1% 扣 1 分，当客户档案准确率 <60%，该项指标不得分	20
3	营销服务规范率	完成目标值得标准分值的 100%，根据相关因素加减分，加分累计不超过标准分值的 20%，减分最多减至 0 分	30

表 7-45　工作积分项示例

班组	工作项目	标准分值（分）	积分统计频次
客户经理班	小区供电全流程服务	10	每户
	高压双电源客户送电归档	13	每户
	高压单电源客户送电归档	10	每户
	基建客户送电归档	6	每户
	整理资料、档案核对、工作量统计	4	每次
	……	……	……

表 7-46　员工月度考核得分计算示例　单位：分

姓名	性别	岗位	岗位基础积分	工时积分	工作积分总分	工作积分换算得分	指标考核得分	考核得分
王 ×	男	安全员	35	178	213	100.00	95	98.00
赵 ×	男	副班长	35	165	200	93.90	94	93.94
李 ×	女	班员	25	125	150	70.42	98	81.45
孙 ×	男	班员	30	154	184	86.38	93	89.03
吴 ×	女	班员	30	175	205	96.24	91	94.15
杨 ×	男	班员	20	130	150	70.42	90	78.25

实施效果

“指标 + 积分”相结合的考核方式，加大了指标考核力度，倒逼员工提高对工作质量的重视程度，班组多项考核指标得分均取得较大提升，其中客户服务满意率、客户档案准确率显著提升，基本实现了 100% 的客户服务满意率和客户档案准确率。具体业绩指标的提升情况，如图 7-27 所示。

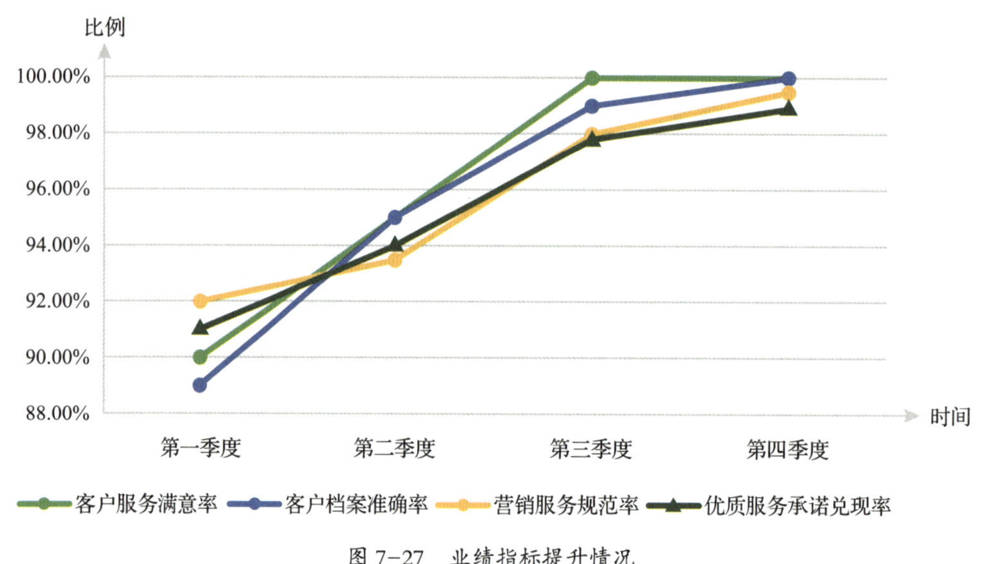

图 7-27　业绩指标提升情况

案例总结

本案例通过“指标 + 积分”相结合，对员工工作的量与质进行了二维考核，既通过工作积分突出对员工工作数量的考量，又通过指标考核强调了对工作质量的要求，实现了两种考核方式的优势互补，解决了班组业绩指标压力传导不到位的问题。

该考核方法适用于承担了业绩指标、重点专项工作等无法依据时间和量值来计算工分的一般业务班组；也可以用于日常工作繁忙，但是业绩指标表现不佳的班组。

在使用该方法时，需要注意以下几点：首先，指标需落实到岗，责任到人，实现指标的逐级分解和压力的层层传导，需依据考核结果了解指标加减分的深层原因并制定针对性改进措施。其次，考核前需要提前测算指标与工作积分的合理权重，适当拉开考核差距，以提高员工工作积极性。最后，该方案加大了对指标的考核力度，解决了员工“重量不重质”的问题，但是一定程度上也削弱了工作积分的权重，运用前要与班组员工做好充分沟通。

参考文献

1. 杨玲香 . 我国预算绩效管理改革研究［D］. 大连：东北财经大学，2012.

2. 张婉婷 . 知识型员工绩效改进研究［D］. 成都：西南财经大学，2009.

3. 葛文骅 . 中国电信学院效能联动培训评估模型［J］. 现代远程教育研究，2010（4）：5.

4. 王慧君 . 绩效技术及其在教育中的应用［M］. 北京：中国科学技术出版社，2015：12.

5. 梁林梅 . 教育技术学视野中的绩效技术研究［M］. 武汉：华中师范大学出版社，2009：3.

6. 易虹，朱文浩 . "技控"革命：从培训管理到绩效改进［M］. 南京：江苏人民出版社，2016：11.

7. 张祖忻 . 绩效技术概论［M］. 上海：上海外语教育出版社，2005：3.

8. 焦旭光 . "活力型"员工培育及能力提升研究［D］. 北京：北京交通大学，2007.

9. 何艳梅 . A 公司职业生涯中期核心员工能力提升体系构建研究［D］. 天津：南开大学，2009.

10. 林景新 .QY 电力公司计量员工胜任力模型优化研究［D］. 广州：华南理工大

学，2020.

11. 周群 . 电网企业员工能力素质模型影响效应研究［D］. 北京：华北电力大学，2015.

12. 孙波 . 回归本源看绩效：用绩效管理提升组织与员工能力［M］. 北京：企业管理出版社，2013：12.

13. 王艳蕊 .A 设计公司员工创新能力提升的研究［D］. 兰州：兰州交通大学，2014.

14. 曹韵竹 .Y 地勘公司员工创新能力评价及提升策略研究［D］. 邯郸：河北工程大学，2020.

15. 沈玲 . 大连 PA 公司员工培训案例研究［D］. 大连：大连理工大学，2015.

16. 李卫平，张俊 . 对基于岗位胜任能力的人力资源管理方法探讨［J］. 中国科技纵横，2017（8）：231–232.

17. 文瑞 . 基于能力的人力资源管理［J］. 科学与财富，2017（2）：40.

18. 杨静 . 基于提升员工能力的绩效管理体系研究［D］. 青岛：中国海洋大学，2011.

19. 杨新荣，周笙君 . 基于员工能力的绩效改进方案设计［J］. 商业时代，2007（28）：56–58.

20. 王琳 . 基于员工能力提升的绩效改进方案设计［J］. 价值工程，2017，36（6）：45–46.

21. 赵婉辰 . 吉林石化员工岗位能力评估及提升对策研究［D］. 长春：吉林大学，2016.

22. 杨竞悦 . 技术专家履职能力评价模型探索［J］. 人力资源，2020（2）：104.

23. 程卓蕾，孟溦，齐力，等 . 构建测量组织战略绩效的指标体系方法研究［J］. 科研管理，2010，31（3）：106–112.